JN410882

령시인 박춘식 선시집

옹기집 둘째아들

령시인 박춘식 선시집

옹기집 둘째아들

리북

제1악장 起승전결

천주교 신앙 안에서 태어나고 성장한 것은
하느님의 매우 큰 은혜라는 생각을 자주 자주 합니다
네 살 때까지 말을 못하여
감성이나 지능 발달이 좀 더디게 성장하였고
지워지지 않는 6 · 25 전쟁 피난의 밤은
2악장에서 큰 고통이 되었습니다

제2악장 기承전결

형님 따라 신학대학에 진학
철학 신학 등등 공부를 하였습니다 그리고
제단 위에서 봉사하는 삶에 노력하기 보다
엄청 거만하고 똑똑한 척—4악장에서 바라보면
어처구니없이 시간 공간을 헤집으며
이리 저리 쏘 다녔습니다

제3악장 기승轉專결

나무 개울 새가 없는 광야를 걸어가며
'나 홀로'라는 말을 곱씹으며
생업을 위해 힘겹게 동분서주하며
'이런 것이 사는 것인가' 골똘히 생각하며
알레그로allegro 보다 약간 느리며
조금 무겁게 연주하다가 고희에 멈추며

제4악장 기승전結

詩를 만나
詩에 미치면서
靈詩에 몰두하면서
가장 위대한 성경은 自然임을 깨닫고 느낍니다
두루미 두 날개가 십자가를 그리며 기도하는
그 모습에 합장을 하는 4악장의 연주는
안단테 칸타빌레andante cantabile로—

2018년 5월

늘숨 박춘식

■ 차례

■ 령시집을 모아 편집하면서

어머니하느님

창세기 55장 9절

통곡하는 모세

하얀 감실

겸손이 하심에게

십자가 밑에는

벙어리 감실

하늘에게 땅에게 사람에게

가나다라 아베체데

옹기성당

덧거리 글

어머니하느님

2008.05. | 미루나무

꽃샘추위

이 정도면
오늘 저녁 식탁이 넉넉하겠다
꽤 기다란 갈치가
유난히도 밝은 은빛을 안고 누워 있다
그 갈치가
스키장의 활강코스처럼 시원스레 보인다

요리하기 좋도록
동강동강 토막 내던 칼날이
맨 나중 꼬리를 탁 친다
그리고 허드레 고기통 속으로 밀어 넣는다

그때
꽃샘추위의 마지막 바람이
시장 길목의 비린내를 휘어잡고
저만치 총총 도망가고 있다

4월의 수채화

뒷산 소나무 숲 안에서
연둣빛 안개가 피어 오른다
산새들의 노랫소리가
연초록 물빛 속에 싱그럽다

그 분은 올해도
붓으로 하얀 물감을 점점이 찍어
산벚꽃나무에게 웃음을 주고
훗훗한 바람에 물감을 풀어
4월의 산을 그리신다

내 마음이 액자 되어
봄 하늘에 걸린다

11월

숨가쁘게 달려왔다
1 2 3 4 …
가끔은 지루한 듯
한 장 또 한 장 넘기면서

어느새
나뭇잎에 가렸던
무덤들이 가까이 보인다
텅 빈 들판에는
검불 태우는 연기가
계절의 향연으로 피어오른다

11이란 글자가
저승 가는 문의
문설주처럼
내 앞에 서 있다

대죄인 1

—저 사람은 누구지
—신부神父 하다가 그만둔 사람이야
—그럼 파계破戒했군
—파계도 되지만 환속還俗이지
—속물俗物 되었으니 눈총 많이 받겠구먼

태양은
종탑 위 십자가도 만지고
길바닥에 떨어진
부러진 십자가도 내려본다

하늘에서 보면
서 있는 사람은 점點으로 보이고
넘어진 사람은 선線으로 보인다
점보다는 선이 눈에 더 띈다
애써 만든 변명,
그분이 선線을 볼 때
더 쓰린 눈길로 보지 않을까

하느님의 실수

내가 전문대학에서 근무할 때
대구 어느 젊은 신부가 말했다

—신부 하다 그만두면 대죄인이고
—마땅히 벌을 받아야 하는데
—박춘식이는 참 이상해
—벌이 아니라 출세하고 있으니까

이 말을 나에게 전해주는 분이
날 위로하며 마음을 담아두지 말라고 한다
그 젊은 신부의 말이 백 번 맞다
나라면 더 심한 말을 했을 것이다

그런데 하느님은
가끔 실수를 하면서
엉뚱한 짓을 한다는 것을
그 신부는 모르고 있는 모양이다
아직 젊으니까 모르는 것일까

하느님의 건망증은
죄인들이 잠시라도 까불기 좋은 시간임을
아는 사람은 안다

세 번째 성경

바람 소리는
그분 속삭임이고
가녀린 채송화 꽃잎은
그분 얼굴 비치는 거울이다
새들의 날갯짓은
죄인을 부르는 그분의 손짓
이것이 첫 번째 성경이다

하느님은 왕, 이스라엘은 백성인 계약
그리고 수천 년 뒤
하느님은 아버지이고 인류는 자녀인 새 계약
창세기에서 묵시록까지
45569글자들로 된 마태오 복음서처럼
글자 안에서 그분 말씀 듣는 것
두 번째 성경이다

큰 죄인인 내가 하느님을 알고 믿으면서
때로는 그분을 무시하고, 대들기도 하고

그러다가 용서 청한다
이럭저럭 세상 떠날 때에
내 삶 안에 새겨진 하느님 손길
구원의 내 발자취는, 세 번째 성경이다

뭐 그리 대단하다고
세 번째 성경을 만들기 위해
대자연이란 성경과
신구약 성경을 만든
그분은 기起 승承 전轉 결結
역전逆轉 안에 반전反轉을 집어넣는
최고의 드라마 작가이고
최대의 연출가이시다

간절한 기도

거만한 모습으로 안 보인다면
어둡고 맥빠진 얼굴이라도
좋습니다

오만한 냄새가 묻어나지 않는다면
답답하고 차가운 인상이라도
흡족합니다

제 얼굴이
많은 허물로 텁지근하지만
겸손의 그림자가
한 줄이라도 분명히 비친다면
또 겸양의 기운이 조금이라도 보인다면

주님,
그것으로 넉넉합니다
그것으로 감사합니다

비닐봉지

형이
하늘나라에서
세 돌 생일잔치를 하던 날
집에서도 음식 준비한다고
검정 비닐 가득 먹거리를 사 왔다

가슴이 뻥 뚫린 듯한
아직도 허전한 느낌이
달빛에 눌려 꼼짝 못하고 있었다
밤새 바람이 쉼 없이 불었는데

다음 날 아침
새까만 비닐봉지 하나가
매실나무 가지에서 펄럭이고 있었다

간밤에
형이 와서 못내 손사래를 친 것인가
아니면 손수 걸어 둔 조기弔旗인가

산의 침묵

발에 밟히는 만큼
높아 보인다

능선 타고 오를수록
늠름해진다

아무리 소리를 크게 질러도
산은
말 안 한다
꿈쩍도 안 한다

하늘만 바라보고 있기 때문이다

어머니하느님 1

수천 년 동안
하느님은 천둥 번개로
이스라엘 백성을 호령하며 가르쳤다
으름장 놓는 무서운
우주의 주인이신 하느님

마리아의 품 안에서
아기가 된 하느님은
사랑이란 외마디 안에 재물이 되었다
검붉은 핏덩이, 십자가 위에서
하느님은 사랑이시다
라고 말하였다, 라고 보여 주었다

천년을 넘기면서
사랑인 듯 무서움인 듯
엄숙한 하느님으로 흠숭받았고
또 천년이 흐르면서 고체화되어 갔다

두렵고 껵껵한 하느님을
따뜻한 물에 문지르고 불려
포근한 엄마 가슴처럼 만들어주는 선구자를
나는 오랫동안 기다려 왔다
지금도 이 순간도
기다리고 있다

어머니하느님 4

B. C.
Before Christ
그리스도 탄생 이전
항상 뒤로 가는 연대
간혹
머리가 곡예를 한다
군주이고 엄부嚴父인 하느님 시대여서

A. D.
Anno Domini
라틴어 표기인 주님의 해
하느님은 사랑이라고 가르치면서
이천년 동안
성직자들은 하느님을 아버지의 얼굴로
엄숙한 아버지 모습으로 모셨다
이제는

A. D. M.
Anno Dei Matris
어머니하느님의 해로
연호를 바꾸어야 한다
새로운 천년의 하느님은
어머니하느님이시기 때문이다
이제
하느님의 얼굴을
엄마 냄새 나도록 그려야 한다

새 영광송

이 세상의
온갖 기쁨과
모든 찬미와 영광이
어머니하느님께
아들 하느님께
온 얼 하느님께
가득 가득 있어지이다

처음에도 가득
지금 이 순간도 가득
앞으로도 영원히 가득 가득 있어지이다

아멘 아멘
영광 아멘

기도

어떤 이는
하느님을
석고 틀 안에 넣어
정교한 규격품으로 만듭니다

흐르는 물을 밟으며
소박한 마음으로
하느님께 감사노래 하는 이도 많이 있습니다

미루나무 바라보며
하느님은
나뭇잎을 아로만지는 바람이었구나, 라고
들숨 날숨으로
기도하는 사람도 있습니다

나모

뿌리는
하늘을 잡아 당긴다
이파리들은 가지를 감싸면서
땅을 움켜잡는다

그래서 나모*는
항상
본때있게 아프다

* 나모는 '나무'의 옛말이다.

겨울나무

하늘을 부여잡듯
맨몸 파르르
두 손 치켜든다
외면하는 바람
가지 사이로 휑하니 빠져 나간다

점점한 별들 자욱이 쏟아지면
눈물 같은 별들
달빛이 쓸어 담아 갈까

얼어붙은 겨울나무
그 안에 내가 갇힌다

곶감

피부가 몽땅 벗겨졌다

작은 바람도 칼바람 되어
쓰리게 스쳐가고
햇볕은 송곳처럼 콕콕 찌르며
새 피부를 만든다
모든 핏줄이 피억새 되어
안으로 안으로 조이듯 엉킨다

가슴에 박히는 못들이
얼마나 많은 피멍을 만들면
내 마음이 검붉게 익을까

하심下心*

늘 불룩불룩거리고
툭하면 흔덕거리면서 분잡한
마음을
밑바닥에 내려 놓으면
넘어질 염려가 없어서
편하고 좋겠다

* 하심下心은 마음을 낮추는 겸손을 의미로 불교에서 많이 쓰는 용어이다.

천궁天宮

인간은
자궁에서 출발하여
천궁으로 가는 존재입니다

오는 길이 따로 있고
가는 길이 따로 있는 것이 아닙니다

아무리 자기 길을 만들어도
결국은
천궁으로 가는 길뿐입니다

다만
자기의 길이 무슨 색깔인지
어떤 향기가 나는지
제각기 다를 뿐입니다

커다란 빵

초등학교 4학년 아들을 데리고 나타난 제자가 저녁 대접한다고 하여 제자가 운전하는 차 뒷자리에 앉았다 저녁해가 노을에 걸려 붉은 풍선같이 멋있게 보이는데 나는 제자의 아들놈에게 말했다 까꾸리(갈퀴)로 저 붉은 빵을 끌어 내려 줄 테니 집에 가지고 가서 엄마께 드리고 동생들과 나누어 먹어라 하니 꼬마가 즉시 응답했다 태양은 달보다 크고 지구보다 크고 무지무지 뜨거운데 어떻게 먹을 수 있습니까 으응 그렇구나 운전하던 제자가 빙긋이 웃고 있었다 아들놈이 똑똑하다고 웃는 것인지 내가 말을 잘못하여 자기 아들에게 당했다고 웃는지 알 수 없었다 과학 지식이 동심을 집어 삼키는 날이었다

잡놈

걸레스님이 찾아와
나를 보고 잡놈, 하기에
큰잡놈, 이라고 화답하며 웃었다

죄의 골짜기 속 깊이
나는 잡것으로 있었고
잡놈으로 갇혀 있었다

내가 이승을 떠났다는 소문을 듣고
사람들이 기도해주면 저승에서
잡놈이 별놈이 되리라
그리고
걸레스님에게
큰별놈이라고 불러야겠다

산다는 것은

산을 보면
나무만 서 있다
하지만,

산을 바라다보면
나무는 나와 하나가 된다
또한 나뭇가지는 나의 손이 되어
다른 나무들을 잡으려고 한다

바라다보는 일은
존재를 서로 이어주는 일,
손보다 끈끈한 눈길로
우리는 매일, 많은 이음새를 잡고 있다

산다는 것은
서로가 서로에게
의미를 만들어가며
바라다보는 것이다

생각하는 늑대

1986년 4월 어느 날 대구 모전문대학 교양 강의 시간 이 세상 모든 남자라는 것들은 모조리 늑대니까 여자들은 잡아 먹히지 않도록 언제 어디서든 조심하라고 하니 남학생들은 늑대 같은 눈빛으로 히죽히죽거리고 여학생들은 수없이 들어온 말을 여기서 또 듣는구나 하는 모습들인데 그 때 하얀 호빵 같은 여학생이 손을 조심스럽게 들고는 그라마 교수님도 늑댄기요 하고 질문하자마자 수백 개 눈동자가 내 얼굴에 집중사격하듯 몰려왔고 그 순간 숯불 위에 얹힌 오징어처럼 뇌세포들이 오그라드는 긴장감을 느꼈지만 철학을 배운 사람답게 천천히 입을 열어 대답하였다 그래 나도 늑대다 그러나 나는 생각하는 늑대다

그 나무들

늘
아픈 나무가 있다

어쩌다
도시로 끌려와 찌든 먼지를 먹으며
시끄러운 거리에 서 있지만
깊은 밤중 잠시라도 조용하고
가끔 재미있는 사람 모습도 보게 된다
하지만
쇠막대 자르는 소리를
밤낮 길에 흩뿌리며
줄지어 성급하게 달리는 자동차들로
오늘도 몸살 앓는
고속도로 옆 그 나무들

창세기 55장 9절

2009.05. | 연인

묵정밭 산딸기

시 같은 글을 모아 책으로 펴냈다
어머니하느님
이라는 책 제목
표지 또 편집에 대한 말은 들었지만
시에 대한 도움말은 얻지 못했다
옆구리 찔러 절 받는 독후감을
두어 마디 듣고서는
헛일했다 싶어 마음이 씁쓰레하다
시인이 되는 길은 아직
나에게는 한참 멀었나 보다

미국으로 이민간 어느 분의 전화
—십여 년 훌쩍 지났는데
—가까이 지내는 수녀가 건네준 시집
—어머니하느님
—옛 생각 하며 읽고 또 읽고
—다음 시집 낼 때는 꼬옥
—대죄인 간판을 내려놓고
—하늘과 땅을 뒤집어 엎으면서 시를 쓰세요
—멀리 있지만 기도로 도울게요

기억의 울타리 밖에서 들려온
그 목소리는
엊그제
묵정밭에서 따 먹은 산딸기 맛이었다

죽음 너머 저 세상은

오감 육감이
미분화된 하나의 빛살
사고가 행동이고 향기가 되는
그리고
언어가 곧 그림이 되는
조각품이 되는 힘
색상이 바로 음악인 신비로운 차원

응집과 분화가
자유로운
그곳

쪽쪽

전문대학에서 교양철학 강의하던 중 한 남학생이 키스의 철학적 의미를 질문했는데 키스는 사랑의 표현이고 사랑을 말하려면 시간이 부족하니까 오늘은 키스의 구분으로 뽀뽀와 쪽쪽에 대하여 말하겠다 하니 남학생 몇몇은 쪽쪽 효과음까지 내어가며 눈알이 반짝거렸고 여학생들은 호기심어린 눈빛으로 나를 보고 있었지만 아주 진지한 표정으로 볼이나 이마 등등 입술을 살짝 붙이는 것은 뽀뽀이고 상대방의 혀의 진동이나 감촉을 자기 혀로써 확인하는 것은 쪽쪽이라고 말하니 남학생들이 쪽쪽이란 단어에 손뼉을 치며 환호하였는데 조금 더 설명을 요구하는 눈치가 보여 뽀뽀는 단순한 애정의 표시이지만 쪽쪽은 두 사람의 혀가 충돌하면서 사랑의 확인 또는 사랑의 열기를 높이는 것인데 지금 이 강의실 학생들이 숨소리가 거칠어지고 있는 듯하여 오늘 강의는 이 정도로 여기서 끝냅니다 말했었다

한 주간 지나 같은 시간에 쪽쪽이란 단어는 국어사전에 없는데 만약 여러분이 뽀뽀와 쪽쪽을 구분하여 이 두 단어를 사용하고 또 많은 사람이 이 말에 공감하여 계속 사용하게 되면 몇 년 후에는 국어사전에 쪽쪽이란 단어가 새로운 용어로 들어앉게 될 것이라고 말하니 학생들이 쪽쪽이란 말을 열심히 쓰겠다고 했지만 말만 했을 뿐 그저 편한 대로 서양말인 키스라는 말에 매력을 더 느끼는 듯했다

이십여 년 전에 있었던 일이다

나이 일흔

언젠가
그날이 오겠지

가까워지고 있다는 생각이
목주름을 매만지는 듯
꼼지락거리더니
달력 한 장 찢어 보이는
낯선 그림처럼
어느 날 불뚝 나타났다
보이는 것도 아니고
만져지는 것도 아닌
딱 부딪치는 그것

일흔이란 나이

PINK

2009년 1월 1일
왜관 분도수도원 성당
새해 신신한 아침 10시 미사

내 앞에 앉아 있는 40대 부부
복음 봉독 때 일어서는데
아줌마의 청바지 탱탱한 엉덩이에
PINK라는 큰 글자가 분홍색깔로 붙어 있다
요즘 유행하는 바지인 듯

성체를 모시려는 아줌마
핑크 글자를 붙잡고 제단으로 걸어간다
비뚤거리는 엉덩이의 새해 인사
연신 분홍빛 휘파람을 날린다

새해를 여는 첫 미사에
불현듯이 나타난 PINK
새해에는 오동포동한 귀인이 나타나려나
복권 운이 솟아올라 새 자동차를 타려나

하지만 PINK가 고약한 운수라면
당장 첫 글자 P를 후다닥 뜯어내어
붉은 잉크로 뜨거운 시를 많이 그리고 싶다

어느 여름 오후

몇 해 전 일이다 내가 사는 골짜기 집에 손전화가 잘 안 들려 이동전화국에 어려운 사정을 전화로 말했다 예 예 하더니 아무런 소식이 없었다 다시 전화했다 기분 나쁘게 여길까 싶어 조용조용 이렇게 말했다 내가 경찰서장이라면 당장 와서 봐주겠지요 우리나라는 힘없고 돈 없는 사람이 살기 어려운 곳이죠 제가 무얼 사 드리면 도와주나요 당장 그 다음날 두 젊은이가 작은 트럭으로 왔다 몇몇 장비로 측정도 하고 시험도 하였다 시원한 맥주와 안주를 사주며 고맙다고 인사했다 마당의 트럭을 지나치다가 트럭 위에 놓인 작업일지를 우연히 보게 되었다 여러 사람의 이름이 적혀 있었는데 내 이름이 넷째 자리에 있고 내 이름 위에 볼펜으로 내갈기듯이 이렇게 적혀 있었다

성질더러븐고객

못 본 척하였다 전화 두 번으로 더러운 고객이 된다면 전화를 세 번 또는 네 번 할 경우 어떤 표현으로 작업일지를 적을까 그게 조금 궁금하면서 싱긋 웃음이 나왔다

죽고 싶으면

돈 문제로 죽어야겠다면
괭이로 땅을 파라
그리고 쑥갓 무 상추를 심고
눈곱만한 싹이 돋는 것을 보면서
죽을 날짜와 장소를 멋진 곳으로 정해라

가시나 때문에 죽고 싶다면
산에 올라가 나무를 껴안고 네가 아는
모든 여자 이름을 칼날처럼 불러 모아라

친구 배신으로 또
우울증으로 살고 싶지 않으면
컵라면 세 박스 옆에 두고
죽기 전 마지막으로 소설 세 권
시집 일곱 권을 꼭 읽은 다음 조용히 죽기를

사업이 너무 힘들고 어려워
세상이 더럽고 더러워 정말 세상을 떠나고 싶으면
죽을 날짜를 한 달 후쯤 정해라 그런 다음

마지막으로 하고 싶은 일 한두 가지를 하고
죽기 전에 꼭 만나고 싶은 사람을 만나
주거니 받거니 술 한잔 해라
거나하게 취하여 지구를 마구 흔들어 보라
그리고 꼭 밤낮없이 모든 것 밀어 제치고
큰 가위로 신문지를 오리고 또 오려서
온 방 가득 수북이 쌓아라 유품으로

이러고도 기어이 죽고 싶으면
죽기 하루 전에
한 시인에게 전화하여
자기 죽음이
시 한 편 될 수 있냐고 물어보아라

창세기 55장 9절

1 아으 그 옛날 하늘님이 시로써 세상을 만드셨다
2 시의 첫 구절은 경이로운 빛줄기였고
3 보기 좋고 듣기 즐겁게 여섯 구절까지 읊은 다음
4 일곱째에는 쉼표를 찍었다
5 흙덩이로 첫 사람을 빚을 때에
6 사람도 시를 지을 수 있도록
7 시혼詩魂을 감싸는 오관 안에 뜨거운 기운을 불어 넣어
8 시는 사랑임을 깨닫기 원하였다
9 첫사랑 하늘님은 신비스러운 시인이셨다
10 삼라만상을 시 제목으로 정리하면서
11 모든 것 안에 시심을 숨겨 두었다 그리하여
12 우주는 하늘님의 새맑은 시집이 되었고
아담은 에덴에서 시를 감상하다가
13
14

하늘님은

이음매가
없다

작아지면
점
하나

넓게 높게 커지면
억만 겁의 우주가 들어가고도
무량수로 비어 있는
동그라미

하늘님은
투명한 무색 공허
비어있는 그대로 동그라미이시다

그레고리오 성가

2008년 가을 왜관
낙동강을 유영하던 비둘기들이
우우 몰려 전선에 앉는다
푸른 바탕에 그려진 오선지에
음표들이 도란도란 자리 잡는다

다시 보니
저 전선은 네 가닥
5선지가 아니고 4선지라면
그렇지 그렇지
오늘은 비둘기들이
그레고리오 성가 악보*를 만들고 있구나

강 건너 전선에 앉으면
처녀뱃사공 노래를 부르는 비둘기들이
오늘 여기서는
키리에 엘레이손**을 노래하고 있다

* 그레고리오 성가 악보는 4선이다.
** 키리에 엘레이손Kyrie eleison은 '주님, 자비를 베푸소서' 라는 뜻이다.

어떤 낙서

야후~재미존
2009년 1월 21일 잼난 이미지
황당하고 유쾌한 엽기 사진 모아모아!!!

신은 죽었다
~ 니체 ~
니체 넌 죽었다
~ 신 ~
멋져부러 청소 아줌마 ~~~~ ㅋㅋㅋㅋ

어느 봄날 니체가
서울 관광여행 중
화장실에서 응가하다가
이 낙서 밑에 한 마디 적었다
~ 신을 죽여도 죽여도
~ 계속 다시 살아난다 이제 지쳤다
~ 아예 두손들었다
~ 한국 아줌마에게 모든 걸 맡긴다
~ 니체 ~

추기경 김수환

우리와 함께 호흡하였던
가슴숨의 끈이 잘리고
맥박곡선이 직선으로 넘어졌다
누워 있는 그는
사랑의 두 눈을 고이 감고
얼굴과 손만 보여주고 있다
가난과 눈물의 좁은 골목을 다녔던
두 발은 하늘을 향하고 있다

이제는 손을 들어 강복을 주지 않고
보이지 않는 온 넋으로 강복을 주고 있다
이제는 두 발로 다니지 않고
사람들의 마음 안으로 날아다니고 있다
이제는 입으로 말하지 않고
하늘의 빛살로 사랑과 용서를 말하고 있다

그가 그렇게 높이 보이는 것은
그가 그렇게 낮추어 살았기 때문이다
그가 이렇게 많은 사람을 끌어당기는 것은
그가 이렇게 하늘님만 부둥켜안았기 때문이다
그가 저렇게 위대한 것은
그가 저렇게 작아지면서
위대한 하늘님을 보여주었기 때문이다

어제는, 서 있으면서
한반도의 추기경이었는데
이제는, 누워서 세계의 추기경이 된
카르디날 스테판 김수환*

* 김수환 추기경의 영어 표기Cardinal Stephen Kim Sou-hwan이다.

눈동자들

내 밥상에는 언제나
작은 눈동자들이 가득하다
밥상 모서리에 올망졸망 붙어 있다
숟가락 들 때마다 내 손을
말끄러미 쳐다본다
그리고 뜨거운 불길 속에서도
밥 먹는 나를 빤히 보는 눈동자도 많다
맛있는 반찬을 넘길 때
그 많은 눈망울들이
내 손목을 꼬옥 잡아 끌어당긴다

어떤 눈동자는 사그라지고 있다
내 입을 보고 있던 눈까풀이
겨우겨우 올라갔다가
젓가락 따라 스르르 내려온다
다시는 뜨지 못할 것처럼

어딜 가든
내 밥상에 촘촘히 모여드는
침을 삼키듯 깜박거리는 배고픈 눈동자들

구미에서 배를 타고

구미에서 배를 타고 태평양 가로질러
샌프란치스코에 가면 좋겠다
금문교에 축구장만한 LCD를 걸어주고
록키산맥 안데스산맥을 토닥거리며 칠레까지
남극까지 자동차로 운전하며 달리고 싶다

구미에서 배를 타고 나폴리 가서
아리랑 부르며 춤추고
전기전자제품 자랑하며 돈을 벌어
밀라노를 지나 포르투갈까지 기차 타고 가고 싶다

구미에서 배를 타고 물살 가르며
스리랑카까지 가면 좋겠다
거기서 말을 타고 반도체 깃발 흔들며
인도를 거쳐 부처님도 만나고
시베리아로 올라가 자작나무들과 함께
북극 만년 얼음으로 팥빙수를 만들어 먹고 싶다

구미에서 배를 타고 신의주에 가고 싶다
압록강변에서 그리운 형제 만나
손전화로 남과 북 온누리에
구미의 훈훈한 마음을 전해 주고
다시는 헤어지지 않기로 다짐하면서
세상 모든 산에 별을 올려놓고
세상 모든 바다를 다림질하고 싶다

나무가 기다리는 것은

시원한 바람이 아니다
가지에 앉아 노래하는 새도 아니다
상큼한 빗줄기도 애써 기다리지 않는다
그늘을 찾는 나그네도 아니다
나무가
정작 기다리는 것은
목심木心까지 뚫어보는 눈길이다
그리고
수액樹液을 붉게 데우는
심연深淵 같은 긴 아픔이다

사막 수도원

누가
사막에 수도원을 세우면 좋겠다
챙이 널따란 모자를 쓰고
멀리 모래산을 바라보며
기도 한 번 바친 다음
한 그루 나무를 심는 수도자들이
여러 나라에서 모여들면 좋겠다

밤에는 수도자들이
모래 더미에 둘러앉아
하늘에서 내려오는 별들과 함께
허밍 코러스로 감사기도를 바치면서
사막을 향긋한 정원으로 꾸며나가면 좋겠다

성탄절에는
겨우 일곱 뼘 자란 나무에 별을 달고
하얀 크리스마스 캐럴을 부르며
모래 위에 산타 할아버지를 그리는 수도자들이
자기 고향으로 크리스마스 카드를
많이 보내면 좋겠다
어린 나무들을 가득 가득 보내 달라는 편지도
많이 보내면 좋겠다

부활절에는
수도자들이 낙타를 타고 노래 부르면서
모래 위에 갓 심은 어린 나무들에게
사람 키만큼 자란 나무들에게도
부활 축하 인사를 하고
물을 듬뿍듬뿍 뿌려주면 좋겠다

사막에 세워진 수도원이
모래알처럼 반짝이는 끝없는 기도로
수많은 희생으로
큰 나무 울타리가 서고
그리고 싱싱한 나뭇가지들이 만들어내는
시원한 바람과 새들의 노래가
온 사막으로 번져 나가면 좋겠다
모든 언저리가 찬미기도로 가득 차고
소문 듣고 찾아오는 어른들이
엽서 보고 찾아오는 아이들이
점점 많아지면 정말정말 좋겠다

등에 업힌 엄마

이십여 년 전
대구 파티마병원 중환자실에서
집에 가자
집에 가자
하던 어머니
끝내 응급차로 집 앞에 도착했다
대문에서 안방까지 등에 업혀 들어왔고
하루 못 넘기면서 이승의 옷을 벗었다

신나뭇골 성지 옆 산
흙 도배방
흙 장판
흙 이불을 덮어 드렸다

오늘도
내 등이 무겁직하고 눅눅하다
강산이 두 번 변하였지만
흙 이불이 차갑다며
등에 업힌 어머니는 내려가지 않는다

첫날부터

2008년 12월 7일

영하 7도
칼칼한 아침
이층 거실에서 양말을 신는다
개가 크게 짖는다
대문이 없는 내 집
아무나 불쑥 자동차로 들어온다
여느 때와 달리 오늘 아침 갑자기
개 짖는 소리가 머얼리 들린다
이명耳鳴 때문일까

나이가 일흔으로 멀리 달아나니까
소리마저 멀어진다
내가
내 집에 있지 않고
건너편 언덕 위에 서 있는 듯

소리 밖에서
소리 안을 쳐다보는 이 아침

통곡하는 모세

2010.03. | 연인

머리글

2010년
1월 7일 목요일
모세 산을 바라보며
네 번 절하였습니다
半詩人이

깜깜한 새벽
별들이 보고 있었습니다
半詩人을

시에 미친 바보로
만들어 달라면서
무릎 꿇고 애원했습니다
그리고 길바닥에 붙였습니다
半詩人의 머리를

잠시 후
산봉우리들이
눈을 뜨기 시작했습니다
半詩人 앞에서

나무들은

그 줄기가 처음부터
둥그런 기둥 같이 자란다
하늘님을 닮으려고

줄기 속으로
온몸을 받들어 주는 뼈 속으로
해마다
동그라미 그리면서 키가 큰다

어느 나무도
사각기둥으로 자라지 않는다
삼각기둥 나무도 없다
나무들은 아침마다
하늘 쳐다보며
원통圓筒으로 발돋움한다

하늘님은
동그라미이기 때문에*

* 시집 『창세기 55장 9절』 졸시 '하늘님은' 51쪽.

시인에게 간다

사람이 하 그리워, 후드득 옷 벗고
샤워 물로 몸통을 문지르며 생각한다
서해안 바다를 찾아갈까
셔틀콕을 넉넉히 사들여 라켓으로
소슬바람 같은 마음을 후려치기라도 할까
쇼핑하면 좀 나을까
수평으로 밀려드는 기다란 외로움
슈팅하여 멀리 차버리겠다고
스낵바를 찾았지만, 결국
시인에게 간다 시를 마시기 위해

피라미드 2

사하라 사막 끝자락
모래 바다
등대

묵묵무언으로 서 있는
이집트 피라미드
사람이 쌓아 세운 제일 높다란
정사각뿔

억겁 욕심에 짓눌려
풀 한 포기 보이지 않는다
돌 틈새에
한 그루 작은 나무도
뿌리 내리지 못한다

새들도
머얼리 비껴간다
참으로 외롭고 기다란 꿈
엄청스러운 돌무더기
슬픈 돌무덤

그해 9월부터

반듯반듯한 달력
어느 벽이든
달력은 늘 바르게 서 있다
그래서 하루하루가 매끄럽게 지나간다
한밤에 글자가 오른쪽으로
편편하게 걸어간다

달력을 기우뚱하게
걸기 시작한 것은 이천구년 구월부터이다
꼿꼿한 시간이
달력 안에서 넘어지나 보려고

오른쪽을 높였더니
날짜가 힘겹게 올라가고
왼쪽을 높여 걸었더니
글자들이 후들거리며 조심조심 내려간다
수평으로 걸어가던 날짜가
급경사로 넘어지니까 목이 갸우뚱거린다
내려가는 날짜에
가끔은 고임목을 받쳐
여유로운 시간도 마련하고 싶다

순간적인 갈등

TV 화면에서
톰슨가젤thomson's gazelle
사력으로 도망간다
치타cheetah의 맹추격
구경하는 내가 숨 가빠진다

가젤을 볼 때
요리조리 방향 바꾸어 달리라고 응원하고
표범을 쳐다보며
순간 속도를 높여 앞발로 훅 덮쳐라 한다

치타가 가젤을 잡으면
정말 넌 뛰어난 단거리 선수야
가젤이 무사히 도망치면
예쁜이 정말 잘했어 하마터면 죽을 뻔했잖아
숨을 몰아 쉰다

순간 그다음 순간 엇갈리는 감정
약자 편을 들면서도
치타의 위력을 보고 싶은 것

나만 그런가

가뭄

논바닥이
늙은 소나무 껍질로 누워 있다
풀잎들이 힘겨워하고
더럭 산불 걱정이 앞선다
들꽃들이
쫄금거리다가 고개 숙인다
저수지도 옷을 벗어 맨살 드러내며
아슬아슬 팬티만 걸치고 있다
뇌세포에 들어 있는 시어詩語도
말라비틀어져 간다
먼지가 풀풀 날고 있는 골목에
개 짖는 깡마른 소리
저절로 입에서 튀어나오는 기도
이 땅을 버리지 마시라고
하늘님에게 애원한다

엄청
가물었다

망세기亡世記

매일 아침
하늘님이 창세기를 새롭게 쓰신다
눈부신 빛살로

진종일 밖에서 뛰어놀던
해가
서쪽으로 사라지면
빛을 빼앗긴 사람들이 색다른
빛살을 만들어
토막토막 잘라 먹는다
술 냄새 풍기며 몸을 흔든다

형형색색 빛살을
딩굴딩굴 내돌리며
사람들은 밤마다
망세기를 그리고 있다

원죄의 본질

2010년 2월 1일
시골 어느 병원 대기실
두 할머니와 육십 넘은 노인의 대화

맨날 묵는 집에 밥 말고 가끔 외식도 해야지
　　그게 무운 말이여
아이거 그리 말기가 안티어서 우야노
　　아고 알았다 할마이한테 일러줄끼다
지랄한다이 나만 거리는 기이 앙이다
　　남사시럽구로 우예 여기서

만고의 진리라고 말하기는 머쓱하지만
하여간
원죄 본질은
아담의 오만함이라고 하는데
그 오만함에 꼭
추가로 덧붙여야 할 내용 하나

바람끼

도청盜聽

우애 지내노
　안 죽고 사안다

밥은 넘어가나
　지우 지우 넘긴다

씰데엽시 죽는다고 카지마라이
　억울하고 아까바서 몬 죽는다
　이지껏 살아온기 아까바서 안 죽일끼다
　껏까지 땡길끼다

형제인지
친구인지
전화하는 것을 엿들었다
어쩌다 그냥 들었다
　껏까지 땡길끼다
이 말에 손바닥이 아프도록
박수를 치고 싶다

커서cursor

벽에 있는 십자가에서
못 네 개가 떨어지더니
컴퓨터 안으로 휘익 들어간다
양손과 발에 박혀 있던
큰 못이
마우스 따라다니면서
커서로 변한다

클릭하면
사람이 사람을 죽이는 그림이 뜬다
다시 클릭하면
사람이 물고기 나무 새를 마구 죽인다
또 다시 클릭하면
사람이 하늘도 죽이고 바다도 죽이고 있다

마우스 방아쇠를 당기면
커서는 화살로 변한다
날카로운 칼날이 되기도 한다

지금 컴퓨터는
아무도 모르게 피를 흘리고 있다

시나이 산Sinai 山

이집트의 시나이 산*에 올라섰다
모세는 이 산에 올라와
하늘님을 만났던 위대한 사람으로
전설적인 큰 바위가 되었다
커다란 바위가 흑점黑點으로 보이는 오늘
나는 뜨겁게 느낀다
사나이 산임을

* 시나이 산Sinai 山은 구약성경 탈출기에 나오는 산으로 고대 이스라엘 백성을 인도한 모세가 이곳에서 하느님으로부터 십계명을 받았다고 하는 산이다.

통곡의 벽 3

큼직한 돌들이
우우 나에게 달려들어
나의 잘못을 끄집어내고 있었다
성전이 허물어진 까닭을
내 심장 안에서 찾으려고 몰려들었다
시꺼먼 옷 새까만 모자를 쓴
유대인들이 까만 눈으로 나를 바라보고 있었다

고추 꽃

하늘 한 번
쳐다보지 못한다
벌을 서는 것도 아닌데
뽀얀 통꽃
하얀 하심下心이
익어가는 여름 기운으로 이제는
뜨거운 고추를 붙잡고 있다

청바지

머리 몸통 발끝 까맣게 가린
예루살렘 거리의 젊은 아줌마
뛰어가듯 신바람 난 아들 손에 끌려
발걸음을 크게 그리는 순간
까만 구두와 치마 밑자락 사이 한 뼘 틈으로
새뜻한 청바지가 밖을 보며 찡긋한다
뭔가 응시하려는 청색의 칼칼함

나바라기꽃

내가
해바라기 꽃씨를
어쩌다가
네 마음에 심었다 깊숙이
나만 바라보는
너는 오늘
나바라기꽃으로 웃고 있다

통곡하고 있는 모세를 만나

어둠을 짓누르며
하늘 높이 치솟고 있는 봉우리
거대한 바위 산
첫 새벽 산길에 총총 별들이
눈물방울로 반짝거린다

낙타는 1달러 지폐를 씹은 다음
연거푸 10달러 지폐를 되씹으면서
산을 오르고 깜깜한 새벽에
아이들은 기념품을 손에 들고 흔든다
십계명 그 자리 열 가지 돈들이
스무 가지 쓰레기들이 늘비하고
하늘님의 숨소리가 배여 있을 곳에는
낙타 당나귀 분비물이 질펀하다
정상에 있는 작은 교회는
자기 편이 아니라고 입을 악물고 있다

2010년 1월 7일 목요일
나무 한 그루 없는
시나이 산을 부둥켜 안으면서
통곡하고 있는 모세를 만나 엎디어
돌바닥에 이마를 꾹 붙이고 큰절 올린다
눈물이 너무 두꺼워 사람을 못 알아보는 모세

그의 눈물을 닦아주지 못하고
나의 눈물로 나의 길을 적시며 하산한다

해가 높이 뜨자
하늘과 맞붙은 시나이 산은 불타오르고
눈물 나도록 파아란 하늘은
모세 산*위에 앉아
광야를 머얼리 내려다보고 있다
모세의 눈물이 가슴에 스며든 그날
무거운 다리로 종일 모래 바람을 안으면서
시나이 광야를 달린다

달려도 달려도 지워지지 않는
꺼억꺼억 모세의 통곡 소리

* 시나이 산을 모세의 산이라고도 한다.
– 2010년 1월 7일 시나이 산 다녀오던 날 밤.

시나이 산 당나귀

통곡하는 모세에게 큰절 올리고
무거운 마음으로 시나이 산을 내려가는데
어린 당나귀 네 마리가 올라온다
물통 과자 기념품 또 물통
가득가득 등에 둘러업고
네 마리 줄줄이 묶여서 헉헉거린다

갑자기 목울대가 뜨거워졌다
앳된 당나귀 얼굴 가까이 눈을 맞대고
아침은 먹었느냐고 물었다
밥 먹다가 다급히 올라온다는
순박한 눈동자의 껌벅거림을 보는 순간
나는 울음을 쏟았다 흐르는 눈물을
주체할 수 없어
헛기침하듯 헉헉 거렸다
뒤따르는 가이드가
오해하지 않기를 바라면서

이스라엘 백성들의 노예생활이 생각나고
아프리카에서 힘겹게 사는 사람들도 보인다
말없이 열심히 일하는 근로자들이 아른거리고
삭막한 광야에서 허덕이는 짐승들이 나타나고
굶어 죽는 북한 어린이도 보이다 말다 한다
동물 학대하는 사람들의 일그러진 얼굴이 보이고
말없는 당나귀가
나의 숱한 죄 덩어리를 짊어진 것처럼 느껴지고

어린 당나귀를 보며 난생 처음
눈물 흘리는 상큼한 아침
불길처럼 치솟은 시나이 산을
휘어잡고 있는 파아란 하늘이 자꾸만
모세의 눈물로 보인다

갈릴래아 호수

갈릴래아* 호수 밑에는
예수님 말씀이 가득 쌓여 있다
이천 년 전 그때

사람 낚는 어부로 만들겠다는 말씀
하늘나라에 대한 기쁨의 말씀
예수님을 따르던 군중들의 발소리 말소리
병이 나은 이의 목메인 환호성
가난한 이들이 예수님을 부르는 소리
바리사이 사두가이들의 비꼬는 소리
하늘님의 사랑에 대한 탕자의 비유
로마 군인들 말굽소리
백성들이 놀라워하는 감격의 박수소리
아이들의 신나는 노래 또 재잘거림

천 년 고개를 두 번 넘어서
성지순례자들이 배를 타고
그분의 말씀을 건지려고 호수로 들어간다
갈매기들이 따라오면서
잠자고 있는 물결을 깨워 일으킨다
호수 안에 잠겨 있던 소리들이 깨어난다
옛날의 모든 음성들이 눈을 뜬다
밑바닥에 모여 있던 단어들이

향긋한 물결로 솟구쳐 오른다
물결들이 새로운 말씀으로
반짝거리며 노래처럼 들려온다
순례자들이 두 손을 가슴에 모은다
두 팔을 치켜 올리다가 이내 합장한다
지금 여기
갈릴래아 호수가
물무늬 성경으로 변하면서
물결 위로 하늘의 단어들이 솟아오른다
순례자들의 마음이
호수를 통째로 부둥켜안는다

* 갈릴래아는 성서에 나오는 지방으로, 현재 이스라엘의 행정구로서 북부지방이며, 지중해 해안에서 갈릴리호湖까지가 포함된다. 중심지는 나자렛이며 이곳은 예수님이 대부분의 종교활동을 전개한 곳이어서, 산상수훈山上垂訓의 자리와 가나의 샘을 비롯하여 성서와 관계있는 유적이 많다.

갈매기와 참새

갈릴래아 호수 옆 마당이 널찍하고 시원스러운 식당에 성지순례단이 점심 먹으러 갔었다 그 식당의 옥외 식탁에서 식사를 마친 다른 나라 순례단이 자리를 뜨자 갈매기들이 우르르 날아와 식탁 위의 음식을 먹기 시작했다 신기하게 보고 있는데 또 놀랍게도 참새들이 쪼르르 날아오더니 식탁 밑바닥에서 부스러기를 열심히 쪼아 먹고 있었다 갈매기들이 흩날리는 작은 음식 조각들이 참새의 몫이다 종업원들은 쳐다보지도 않았다 늘 있는 일이란 듯했다 어쩌면 공생하는 뜻도 있고 설거지의 한몫을 도와주는 흥미로운 일이라 여겨졌다 재미있게 보다가 갑자기 서울 모습이 나타났다 서울에 사는 거시기들과 거시기들은 갈매기처럼 활달하게 돈과 권력을 쪼아 먹는데 지방에 사는 참새들은 서울 거시기들이 먹고 남은 돈을 조금씩 주워 먹는 꼬라지가 보였다 머나먼 이곳에서 서울을 보다니 거참 갈매기와 참새는 덩치를 보아서도 차이가 크게 나기에 우리나라 모습과 매우 흡사하다는 생각이 들었다 음식 맛이 구리텁텁해졌다

호수의 시원한 바람으로 다행이
무거운 기분이
참새 발가락까지는 내려가지 않았다

가시관

요한복음서 19장 2절
군사들은 또 가시나무로 관을 엮어
예수님 머리에 씌우고
자주색 옷을 입히고 나서
유다인들의 임금님 만세 하며 빰을 쳐 댔다

이천여 년 전
로마 군사들은 예수님 머리에
안테나antenna를 걸었다
사이 사이에
특수한 기능을 가진 안테나까지 끼웠다
마음 아픈 사람들이 외치는 하소연
고통의 신음을 듣기 위한
예수님 머리 안으로 박히는 안테나 막대들

부모 잃은 아이들의 앙아 앙아 앙아
굶어 죽어가는 사람 허억 허억 허억
심하게 매를 맞는 아이들의 아앙 아앙 아앙
사랑하다가 버림받은 남자의 끅 끅 끅 끅
자살을 결심한 아줌마 어이욱 어이욱 어이욱
돈 때문에 살인하려는 남자 지익끼 지익끼
스스로 똑똑하다는 학자 야카 야카 야카
술로써 세상을 욕하는 사람 크아악 크아악

거만한 성직자의 기침 크우욱 크우욱 크우욱
자기 배만 채우는 정치꺄들 드주욱 드주욱 드주욱
사기꾼들 모함으로 감옥간 사람 어우애 어우애

모든 소리가 잡히는 안테나
걸리는 소리 중에는
자기 죄를 뉘우치는 사람의 숨소리도 있다
세상 모든 어둠이 달라붙은 안테나 무게
십자가에 동서남북으로 이어진
가지가지 고통의 긴 신음 소리들
네 개의 못으로 박히는
인류의 죄악
네 개의 못 구멍으로 열리는
하늘님의 끝없는 사랑

구원의 제물로
높이높이 매달려 있는 핏덩어리
그리고
모든 심어深語를 끌어당기는 안테나

— 2010년 1월 12일 예루살렘 골고타에서

통곡의 벽 1

예루살렘 성전이 이방인 손에 넘어가
뼈마디와 살점이 무너지던 그 밤
바빌론으로 묶여가던
유대인 발뒤꿈치를 보며 성전 뿌리가 울었다

바빌론 유수(Babylon 幽囚)에서 돌아와
예루살렘 성전을 다시 세웠지만
이번에는 로마제국의 말굽에 짓밟혔다 그때
성전 돌들이 유대인들 마음속에 들어가
쓰라린 가슴에 깊이 박혔다
천추의 한이 뼈마디 안에서 돌이 되었다

천 년 그리고 천 년 동안
유대인들은 통곡의 벽 앞에서 눈물 흘린다
돌덩이에 머리를 박으며 기도한다
언젠가는 새로운 돌들이
우두둑 우두둑 쌓여 영원한 성전이 되기를
기도하는 유대인들

2010년 1월 12일 그날 내가 바라보니
통곡의 벽이 유대인들에게 매달려
어이구 어이구 울고 있었다

골고타Golgotha

금요일 그날
핏덩어리를 십자가 위에 눕히고
커다란 못
망치로 내리쳤다
묵직한 쇠망치가 못대가리에서
천둥소리를 토해냈다

이천 년 후
성지순례단이 골고타* 올라오자
대못을 박았던 망치소리가
붉은 바위 틈에서 튀쳐나와
내 가슴에 꽈악 박힌다
핏빛 쇠소리가
나의 영을 찢어발기면서
새로운 골고타를 보여준다

눈 코 입 귀가 없는 예수님 얼굴
눈 코 입 귀가 못으로 박힌 어머니 얼굴
핏자국 언덕
최악의 모자상母子像
악악거리는 세상 온갖 소리 냄새 충돌
사람들의 모든 죄악
아들 가슴에 잔뜩 집어넣고
그 아들을 부둥켜안고 있는 어머니 마리아

끝 절망으로 넘어진 골고타에서
아들과 어머니는
대역전大逆轉의 회전무대를 준비하고 있다

* 골고타Golgotha는 예수님이 십자가에 못 박혀 숨 거두신 예루살렘 교외의 언덕이다.

성지순례는

임의 향기 따라 임 만나러 가는 길
걸음걸음마다 빛살기도를 놓는 길
땅 한 번 보고 하늘 세 번 바라보는 길
개미 들풀 나무들과 함께 묵상하는 길
새들 노래 따라 찬미 감사의 성가를 부르는 길
오그라든 자신을 한 겹 한 겹 펴는 길
임이 태양 같은 사랑임을 뜨겁게 느끼는 길

– 2010년 1월 4일 인천국제공항에서

하얀 감실

2010.12. | 들숨날숨

나는 사랑빵이다

나는
너와 한 몸이 되고 싶다
네 안에 깊이 들어가
너랑 하나 되기를 원한다
그래서 나는 빵이 되었다

너랑 살고 싶어서 항상
내 몸을 빵으로 숨겨
네 마음 안에 들어갈 것이다
그리고
너의 몸과 마음을
내 사랑으로
꽉 꽉 채우고 싶다
빈틈없이

나는
사랑빵이기 때문이다

하얀 감실 1

세상 모든 눈동자들이
한 곳으로 날아간다 쏜살같이
태풍처럼
작은 문 안으로 빨려 들어간다
몸 숙여 자세히 보니
모든 눈동자들이 감실 안으로 들어간다

잠시 후
감실의 눈동자는
세상 모든 눈동자들을 껴안고 있다
세상 눈동자들과 시선을 맞추고 있다
세상 모든 것을 뚫어지게 보고 있다

하얀 감실은
온 우주를 샅샅이 바라보는
신비의 눈동자임을 깨닫는다
오늘
이 자리
감실 앞에서 느낀다

하느님 밑으로

어느 짜증스러운 날
경상도 사나이의 꺽꺽한 기도

하느님요
지가요 정말로 진짜루 작정하고
다부진 마음으로 오늘
하느님에게 오지기 따지고 시퍼요

내가요 큰 맘 묵고
하느님을 무시할 수 있을까
하느님을 외면할 수 있을까
하느님을 욕할 수 있을까
하느님을 영영 등질 수 있을까
하느님을 내 마음에서 멀리 멀리 밀어낼 수 있을까
하느님을 아주 떠날 수 있을까
하느님을 피하여 멀리 도망갈 수 있을까
하느님을 머리 속에서 완전히 지워버릴 수 있을까
하느님을 땅속에 깊이 묻어버릴 수 있을까
하느님을 깜깜한 창고에 가두어 둘 수 있을까
하느님이 찾지 못하도록 내가 끝까지 숨을 수 있을까
하느님이 안 계시는 곳에서 편안하게 살 수 있을까

하느님에게 삿대질하며 대들 수 있을까
하느님에게 꼬치꼬치 따질 수 있을까
하느님없이 노력하면 대충 200년 정도라도 살 수 있을까
하느님없이 내 삶이 성공할 수 있을까

아무리 생각해도 안 대는 기라 억시기 어렵당이
내 대가리로는 안 대는구만
그라몬 우야노 우예 해야하노 우야만 존노
하느님 밑으로 기어들어가야지
하느님 앞에 무조낀 업디리야지
죽쭉 업디리야지 우짤끼고

기다리는 주님 1

나는
기다리는 하느님이다

네가 나에게
올까 말까 생각하던 그 때
훨씬 그전부터 나는 너를
기다리고 있었다

네가 멀리 도망가면
나의 눈길을 멀리 내뻗어 그 눈빛으로
너를 보호하며 지켜보았다
그리고 돌아오기를 기다렸다

네가 나에게 반항하듯
버럭거리며 불평을 토해낼 때도
묵묵 참으면서 나는 묵묵
너를 기다리고 있었다

네가 몰래 숨어버리면
나는 온 골목을 샅샅이 뒤져
기어이 너를 찾아내었고
네가 내 앞에서 숨박꼭질하듯 까불었지만
모르는 척하며 나는 너를 기다렸다

네가 자포자기하고
좌절감에 허우적허우적
몸과 마음을 시궁창에 처박을 때
나는 가슴을 치면서 아프게
너를 기다리고 또 기다리고 있었다

네가 나이가 들어
더는 도망갈 수 없다는 것을 알면서도
애써 어떤 구실을 찾으면서 나를 외면할 때
주먹으로 한 대 쥐어박고 싶었지만
손아귀를 들지 않고 끝까지
너를 바라보고 있었다

너는
철부지 정말 바보이고
나는
기다리고 또 기다리는 하느님이다

기다리는 주님 2

기다림은 인내이다
그래서
나는 무한한 인내의 큰 산이다

기다림은 침묵이다
그래서
나는 말을 안으로 안으로 삼킨다

기다림은 겸손이다
그래서
나는 늘 낮은 곳에서 너를 바라보고 있다

기다림은 사랑이다
그래서 나는
사랑의 시작을 모르고
사랑의 끝을 정말 모른다

나는
너를
땅 끝까지 기다리는
까마득한 하늘까지 기다리는
사랑에 미쳐버린
어리멍청한 하느님이다

조배하는 기쁨

언덕 위 작은 성당
그림처럼 예쁩니다
성당 안에는
하얀 감실의 웃음이 향긋합니다

동녘에서 아침 해가 달려 왔습니다
언덕 아래 마을로 가기 전에
기다랗게 빛살 엎디어 먼저
감실의 예수님께 인사합니다

뒤 이어
까치가 노래 부르며
주님께 아침 인사 드립니다
잠에서 깨어난 상큼한 바람이
꽃향내 껴안고
성당 안을 한 바퀴 돌면서
감실 앞에 사뿐사뿐 고개 숙입니다
감실을 쳐다보며
나뭇가지들과 이파리들이 손을 흔듭니다

조배하는 기쁨 위에
손 들어 강복하시는 예수님
조배하는 정성 위에
하루를 축복하시는
아침 예수님

침묵은 사랑입니다

해말간 침묵은 기도입니다

눈물의 침묵은 감사입니다

뜨거운 침묵은 참회입니다

보랏빛 침묵은 인내입니다

새붉은 침묵은 흠숭입니다

은은한 침묵은 평화입니다

모든 침묵은 깊디깊은 사랑입니다

하얀 감실 3

감실은
나무입니다
아주 큰 나무입니다
많은 사람들이 그 나무 밑에서
편안하게 쉬고 있습니다
그 나무 품에서
도란 도란 웃으며 놀고 있습니다

먼 곳에서도 보이는
높다란 나무 감실
큰 산처럼 우아하고 든든합니다
새들이 모여들고
바람이 노래하며
이파리들로 그늘이 향기롭습니다

감실은
무지무지 큰 나무입니다
하얀 감실은
온갖 나무와 풀을 안고 있는
세상에서 제일 큰 나무입니다
세상에서 제일 거룩한 나무입니다

하얀 빵

빵은
밀 알갱이들의 변신이다
빵은
밀알의 죽음이고 부활이다

무참하게 쪼개져야하고
산산조각 가루로 으깨어지면서
알갱이의 본디 모습은 허공으로 사라진다
그렇게까지 죽은 다음
밀가루와 밀가루가 섞여
너와 내가 없어지면
새로운 모양 생명의 음식이 된다

제단에 올려진 빵 안에
하늘이 내려와 스며들면
하얀 빵은
구원의 음식이 되고
하얀 빵은
하늘을 숨쉬는 사랑이 된다

간절한 마음으로

이름 드높은 유치원 입학
선착순 특수 아파트 당첨
손아귀에 꽂혀 있는 번호표 줄줄이 밤 지새운다
문 열리기를 기다리며
꼼지락거리는 담요 담요들

과연 나는
밤이슬 맞으며 간절한 마음으로
감실문
열리기를 기다려본 일이 있었는지

끝없는 겸손

하느님이
땅으로
내
려
와
사람이 되셨습니다

있을 수 없는 일
기막힌 일
놀랍고 두려운 일

그 다음
사람이 되신 하느님이
더
더
더
내려와
하얀 빵이 되고 있습니다
매일 매일

표현할 어휘가 없습니다

새들의 기도 1

새들은
십자가를 그리면서 날아간다
기도한다

십자성호를 긋지 않으면
떨어지기 때문에
기도를
잠시라도 멈추지 않는다

〈작시 적바림〉 半시인 박춘식은
이천십년 칠월 십육일 금요일 오후 여섯 시쯤
경북 칠곡군 지천면 연화리 1번지 하늘마마집 마당에서
백로 두 마리가 하얀 날개로 느릿느릿 날아가는 모습을 보았는데
그들은 백로와 왜가리 수백 마리 모여 사는 왜관읍 매원리
소나무 숲으로 가는 듯 하였습니다.

새들의 기도 2

새들이 하늘에서
십자성호 그으며 계속
기도하는 모습을 보던 날

밤늦게까지
머리를 쥐어박으며
바보 병신 하고 나는 나를 욕했습니다

새들이 날아가면서
십자가를 보여주고 있다는 사실을
왜
칠 십 년 동안 몰랐을까 …
팔푼이 이 바보
이 못난 등신
주먹으로 계속 내 머리를 쳤습니다

새들의 기도 3

두 날개를 펼쳐
온 몸으로
십자가를 그려가는 새들
하늘 기도

바람이 날개를 잡으면
더 우아한 작품이 된다

매일
십자가 보여주는 하늘 아래
나무는 두 팔 더 올린다
풀잎은 손을 더 흔든다

산과 들의 기도를 인도하는
주송자主誦者
기품氣品 날렵한 새 그리고 새

하얀 감실의 외로움

큰 사랑이
집을 크게 지어 이사왔습니다
사람들이 성전 봉헌 잔치를 즐깁니다

큰 사랑이 원하는 것은
사랑뿐입니다 그러나
사람들은 거저 구경만합니다
넓고 시원한 집안을 둘러보고 나갑니다

큰 사랑이 사는 집 벽에는
하트형heart形의 빨강 그림을
많이 많이 붙여두었습니다

큰 사랑을 생각하지 않고 사람들이
빨강 그림을 만지고 예쁘다는 말만 합니다
사람들 손가락에 빨강이 묻어나고
빨강이 조금 조금씩 하얗게 변하기를
바라보며
기다리겠습니다

겸손이 하심에게

2012.03. | 들숨날숨

겸손이 봄을 만든다

개울 바닥 얼음장 위로
포근히 지나가는 햇살이 하품한다
눈물 글썽 미끄러지는 물방울들
똑 도글 똑 도글

봄은 하느님의 불꽃놀이

나뭇가지 마구 흔들어
앙상한 신호를 땅속으로 내려보내면
가녀린 수염뿌리들이 다투어
물 가루를 끌어모은다 겨우내 졸고 있던
물관들이 물 가루를 힘껏 들이빨아
씨눈을 위로 떠밀어 올린다

겸손이
수염뿌리에서 봄을 만들어
우듬지까지 밀어 밀어 올리고 있다

매우 겸손한 소리

숲 속 작은 나무 뿌리털 안으로
물 가루를 넣어주는 흙가루의
숨소리

이른 아침 호수
뽀얗게 피어오르는 안개
작고 작은 물안개 한 방울의
날갯소리

정적의 집에서
침묵의 방에서
문이 열려 있는데도 나오지 않고
가만 앉아있는 공기 한 점의
눈웃음 소리

누워 자는 아기 귓바퀴 안쪽
적혈구가 산소를 안고 모세혈관을
조심조심 지나가는
발소리

가장 겸손한 피

세상에 제일 겸손한 피
그 이상 더 겸손할 수 없는 피
가장 뜨거우면서
제일 거룩한
피는

군사 하나가 창으로
그분의 옆구리를 찔렀다
그러자 곧
피와 물이 흘러나왔다 (요한복음 19장 34절)

골고타가
성별聖別 되던 그때
십자가 밑바닥
그
거룩하신 피

하느님의 유영

첫 시인이신 하느님
끝 시인이신 하느님
처음도 끝도 없는 큰 시인 하느님

나지막하게 웃으시는
겸애兼愛 하느님은
스스로 작시作詩하고 묵묵
스스로 음미하시면서
공空을 시詩로 유영하십니다
시詩를 공空으로 유영하십니다

충만의 겸손을 사랑으로
공허의 겸손을 사랑으로
보여주시는 하느님은
오늘도
한 사람 한 사람 시詩로 편집하십니다

나무가 겸손한 까닭 2

이파리는 하늘을 잡고
가지들은 이파리들을 붙잡고
둥치는 가지들을 단단히 쥐고
뿌리는 둥치를 억세게 휘어잡고

바위와 흙덩이와 뿌리
길고 끈끈한 고집 몸통을 만들고 있다

나무가 크게 자라고
가지들을 길게 뻗어 아름다운 것은
그 뿌리가 큰 물까지 닿았기 때문이다 (에제키엘서 31:7)

지구라는 흙 품이 나무를 부둥켜안고
뿌리는 겸손을 움켜잡고 있기 때문이다
부드러운 미소로

겸손과 바오밥

겸손은 바오밥 나무이다

하늘의 도움 없이 살 수 없는 겸손
흙을 떠나서는 자랄 수 없는 겸손
어쩔 수 없이
하늘에도 뿌리를 올려야 하고
땅에도 뿌리를 뻗어야 하고

하느님이 실수로
거꾸로 심었다고 하는 바오밥 나무는
아름다운 뿌리를 가졌다
은근하게 강한 힘을 보여주는
바오밥은
하늘과 땅을 이어주는 우람한 기둥이다

바라볼수록
바오밥은 듬직한 겸손이다

하느님 닮은 물

하느님을 닮은
물은 매우 겸손하다

한 분이신 하느님께
성부님=성자님=성령님

H_2O는 얼음=물=수증기
고드름
강물
안개

사람에게 겸손을 잠시도 잊지 말라고
어느 곳이든 물을 놓아 주셨으니 물은
하느님께서 보내주신 큰 선물 큰 사랑 큰 진리

주님의 소리가
물 위에 머물고
영광의 하느님께서 크나큰 물 위에 계시네(시편 29:3)

일어서면서

사람은 본래 하심이다

뱃속에서 하심
태어나서도 하심
기어 다닐 때도 하심
일어서기 시작하면서
걷기 시작하면서
마음이 다리로 사타구니로 올라간다
가슴까지 올라선다
오만이 굳어질 때에는
마음은 냄새를 풍기면서 정수리에 가 있다

본래 마음이
땅바닥에 있었다는 사실을 외면할수록
거만해진다, 사람은
흙 품의 진동을 잊어버리면 거만해진다

사람의 출발은 하심이었다

모세의 키

키가 2285미터
시나이산 높이를 자기 키로 가진
큰 지도자 모세
바로 쳐다보기 어려운 거인

홍해바다를 기적으로 건너온
하느님이 구름 높이로 키워준 사나이
60만 백성을 인도하였던 큰 지팡이

모세라는 사람은 매우 겸손하였다
땅 위에 사는
어떤 사람보다도 겸손하였다 (민수기 12장 3절)

높이의 반비례로
모세의 겸손 깊이는
넉넉히
3000미터로 계산하여도 좋을 듯하다

나아만 이야기

아람 나라의 군대 큰 장수인 나아만
나병을 고쳐달라고
하느님 사람 엘리사 집 앞에 섰다
엘리사는 얼굴도 안 보이고
심부름꾼을 시켜 말을 전하였다

겸손에게 가서
몸을 일곱 번 씻으십시오

화가 불끈 솟은 나아만
거만함은 겸손에게 가지 않으려고 했다
위풍당당 큰 장수 발길을 돌렸다
부하들이 길게 엎디어 간청하자
못 이긴 척
목욕 한 번 하는 정도라면
강으로 내려가서
한 번 두 번 세 번
뻣뻣한 몸을 일곱 번 담갔다
거만은 어린아이 살처럼 새살이 돋아 깨끗해졌다

구약성경 열왕기 하권 제5장
군마와 병거를 거느리고 나타난 거만이
요르단 강물 안에서
겸손을 터득하였다는 이야기

응…

가장 낮은 모음은 〈ㅡ〉 이고
가장 부드러운 자음은 〈ㅇ〉 이라면
그중 제일 겸손한 글자는 〈으〉가 된다
숨 가쁜 호흡으로 이 땅에
제일 겸손한 글자는 〈으〉이다, 하고
백두대간 능선에서 고함치려 했는데
전날 밤중에 천사가 내려와
〈으〉 글자를
〈응〉으로 바꾸어 적어놓았다

〈응〉이 왜 제일 겸손한 글자일까
그 까닭을 생각하느라 보름 동안 끙끙거렸다
나눗셈 부호, 그다음 다른 의미 찾느라고
하늘 쳐다보며 응응대고
땅에게 응응대고

물이냐 흙이냐

사슴이 물가에서 물을 마신다
네 다리 벌리고
목을 쭈욱 내려 물을 마신다

사슴이 흙에게 묻는다
　—네가 더 낮으냐
　아니다 물이 더 낮게 다닌다

사슴이 물에게 묻는다
　—네가 흙보다 더 낮은 거냐
　아니다 흙이 더 아래에 있다

양보하는 겸손 앞에 사슴 고개 갸웃
내일 또 물어보리라 생각한다
물맛 다시면서 숲으로 들어간다

자연은 겸손합니다

다투지 않습니다
더 가지지 않습니다
더 먹지도 않습니다 더욱이
쓰레기를 만들지 않습니다
어디서든 언제든 조화를 이룹니다
모양들이 다르게 널려있는데도
기대고 엉키어 있는데도
숨어 있는 겸손이 숨 막히는 경치를 만들어 냅니다

영적인 것이 먼저 가 아니라
자연적인 것이 먼저입니다
영적인 것은 그 다음입니다 (200주년신약성서 고린토1서 15:46)

자연 안에 하느님의 사랑이 먼저 있었고
자연 안에 하느님의 말씀이 먼저 있었고
자연 안에 하느님의 생명이 먼저 있었고

폭력 살생을 일삼는 사람들을
못마땅히 쳐다보는,
나중에 오만하게 나타난 무뢰한들을
웃음으로 참아주는,
자연은 항상 겸손합니다

절벽

오만하면 자기가
제일 잘한다고 생각합니다
언제나 앞서 가야 합니다
남보다 더 높은 산을 오르고
상승 기류를 타고
두 팔 번쩍 벌립니다
바로 뒤에 절벽이 있다는 것을 모르는 채

절벽 아래
겸손은
자기의 키는 생각 안 하고
잔디밭에서 메뚜기랑 놀고 있습니다

겸손에게는
절벽이란 단어가
그저 판판한 단어일 뿐입니다

겸손을 구하는 기도

당신 자신을 낮추시어
죽음에 이르기까지
십자가 죽음에 이르기까지 순종하신 주님 (필리피서 2장 8절)

인정받고 싶어하는 마음이 생길 때
어서 겸손을 두 손으로 꼭 잡게 하소서

칭찬이나 사랑을 원하고 있을 때
겸손을 더 원한다고 말하게 하소서

기쁜 일이나 도움을 바라고 있을 때
겸손을 간절히 바란다고 생각하게 하소서

충고 비판 욕설을 피하려고 할 때
기도와 겸손으로 마음을 넓히게 하소서

겸손의 모범이신 성모 마리아님
저희를 위하여 겸손의 은총 빌어주소서

교만을 꺾으신 성 미카엘 대천사님과
겸손 없이는 순교할 수 없는 그분들
겸손으로 목숨을 바치신 우리나라 순교자님들
나약한 저희를 위하여 빌어주소서

날아다니는 꿈

청마 유치환의 바위처럼
나는 멋있는 바위라고 생각한다
가끔
엄청난 바위산을 보고 말한다 거만하게
내가 저기 있구나
그러면서도 이율배반의 논리를 무시하고
높은 하늘을 날아다니는 꿈을
어림없는 짓
날아다니는 꿈을 놓치지 않는다

날개는 하늘의 몫
날개 없는 먼지는 바위틈에서
사철을 감당해야 한다

정으로 바위를 쪼아 판다
날개 깃 들어갈 구멍을 후비고 있다
바위는 빠개지고 망가지고 갈라지고 깨어지고
가루가 되어도 겸손을 기다려야 한다
가루가 되어도 날개를 기다려야 한다

쪼개지는 소리는 겸손이 아니다

얼마나 거만했으면

얼마 전 신문에서 참담한 글을 보고
어쩌다 이 지경까지
—옛날에는 종교가
—사회를 걱정했는데
—요즘은 사회가 종교를 걱정하고 있습니다

종교가 얼마나 거만하였으면 세상 사람들이 등을 돌렸겠는가—하늘을 탐해야 하는 종교가 얼마나 부동산과 돈을 탐하여 이런 창피스러운 꼴을 보는가—종교보다 세속이 더 거룩하게 보인다는 말인가—예배당 사찰 성당이 신성한 곳인데 이제는 거룩함을 세상으로 넘겼는가—사회가 종교를 걱정하다니—붓다Buddha가 땅을 치고 예수가 십자가에서 내려와 통곡하리라—참 지랄 같은 세상이다—참 서글픈 세상이다—이런 말을 듣고 종교인들은 뭐라고 대꾸하는지 그게 참 궁금하고— — —

사회가 종교를 걱정한다고 처음
말한 분을 찾아가 큰절을
올리고 싶다 정말로
큰절 드리고
싶다

사람의 오만함

사람이 오기 전에
산 바다 나무 구름이 먼저 있었다
새들도 사슴들도 붕어들도
잠자리들도 사람보다 먼저 살고 있었다

오만은 침략이며
탐욕 불붙은 오만은 파괴이다

사람이 나타나 저들끼리 싸우고 죽이며
땅 빼앗는 전쟁이 그치지 않는다
오만이
검은 욕심의 쇠갈퀴를 흔드니까
산과 강이 신음한다 오만이
겸손을 잡아먹고 있다

자연을 망가뜨리는 오만
이웃 나라 침략하고 물건을 훔쳐가는 오만
힘센 사람 제멋대로 역사를 만드는 오만
겸손이 피를 흘리고 있다

하심 5

무작정 돈 벌려고 상경한 아들에게 보낸 한 엄마의 편지
가 몇 해 전 어느 텔레비전에 공개되었다—편지 끝줄에
좀 서툴지만 꼭꼭 눌러 쓴 엄마의 글 〈남에게 고개 숙이
는 것 절대 잊지 마라〉 이 글이 항상 내 머리 안에 남아
있다—길을 가면서도 고개 숙이는 것 모임에 가서도 고
개 숙이는 것 칼국수 먹으면서도 고개 숙이는 것 학생들
의 활달한 모습을 보면서도 고개 숙이는 것 운전하면서
도 고개 숙이는 것 미루나무를 보면서도 고개 숙이는 것
을 잊지 않으려고 한다—〈남에게 고개 숙이는 것 절대
잊지 마라〉하고 아들에게 편지 보낸 그 엄마의 겸허한
모습이 참 궁금하다—글씨 쓴 엄마의 손을 만져보고 싶
다— — —

하심 6

깨알만 한 바람 한 점이
가장 겸손한 바람이 되려고
엄마 바람에게 갔다, 한참 망설이더니

—자동차 바퀴 안에 들어가서
—일 년 있다가 오너라

엄마 말씀 따라 타이어 안에 들어갔다
정지 상태에도 깜깜 숨 막히는데
차가 출발하면 포악하게 시작되는 경기
권투 레스링 태권도 핸드볼 농구 씨름
차라리 폭발하는 것이 시원하리라
조용한 어느 밤 작은 바람은 결심한다
여기서 가루로 부서지더라도 참아야지
겸손이 이렇게 어려운가
작은 바람은 한숨 가득 엄마 생각하며
어금니를 옥물고는 깜깜한 바닥에 주저앉는다

하심 7

아침마다 하심 기도를 바치는데—하루는 하느님께서 오늘부터 직접 도와주마—어떤 마음이기를 바라느냐—단단한 마음을 주시면 하루를 알차고 야무지게 보내겠습니다—주먹만 한 돌을 하나 주면서 당차게 멋진 하루를 살라고 하신다—저녁에 팔 아프고 손가락이 굳어버렸다—다음 날에는 장미 마음을 주시고 매일 다른 마음을 주신다—종이 마음 보자기 마음 강아지 마음 참외 마음 인형마음 숟가락 마음 이렇게 한 달을 지나고 하느님께서 어떠냐 물어보신다—힘듭니다—그러면 내일 아침에 새로운 마음을 주겠다—다음 날 아침 하느님이 두 손으로 받을 준비를 하라고 하신다— — —

세수할 때 물 받는 모습
손을 오므리니까 맑은 물을 부어주시며
너에게 주는 마음이다

물이 손가락 사이로 빠져 발바닥까지 떨어진다
저녁에 손뼉을 치면서 감사기도를 바친다
물 마음이 가장 좋은 마음임을
깨닫게 이끌어주신 하느님께
큰 감사 감사를 드린다
큰 감사를 드린다

이제 겨우

감나무 아래 곱게 앉아
성경을 읽는다
하늘이 가을을 그리고 있는 동안
차근차근 글자들을 눌러 본다
어느 글자는 쓰다듬어 본다

하느님은 사랑이십니다*

이 말씀에서 마음이 녹아내려
눈물 뚝뚝 성경을 적신다
감나무에 앉아 기도하던
까치가 날아가며
한 마디

이제 겨우 네가
겸손의 길에 들어서는구나

* 요한의 첫째 서간 4장 16절

길 위의 사제

문규현 바오로 신부 은퇴 미사에 대한
'가톨릭뉴스지금여기'의 정현진 기자 글(2011.1.24) 중에
"믿는 이들이 있는 곳은 어디든 교회이며,
　온 세상이 복음화 현장이다.
　성당건물과 교회질서 안에 우리를
　한정시켜 구원과 복음화를 얘기하는 것은
　하느님을 옹졸하게 만드는
　신성모독이라고 말하면서,
　신앙인들은 과감히 세상 안으로 들어가,
　더불어 머물러야 한다"는
문 신부의 당부 말씀이
큰 북소리로 가슴을 내리친다

평화의 길을 따라 한 발짝
생명의 길에 내딛는 한 걸음
사람의 길바닥을 쓰다듬는 땀에 절은 오체투지

삼보일배의 흙먼지 노사제에게
마음을 땅바닥에 내려놓은 노사제에게
사람 냄새나는 사람들이 허리 굽혀 절을 한다
이름없는 들풀과 돌멩이가 되살아나 춤을 추며
새들이 바람 따라 하늘을 노래한다

높이 쳐다보아야 하는 수직선 교회를
한껏 낮추어
지평선으로 보여주면서
흙가슴을 부둥켜안고 있는
쇳소리 나지 않는 나지막한 이정표
푯말—신토불이 사제 바오로 문규현

겸손 3

겸손은 기다림입니다
겸손은 기다리는 미소입니다

꿈을 기다리고
사랑을 기다리고
고독을 기다리고
결실을 기다리고
진리를 기다리고
끝내
날개를 기다리고
하늘 오름을 기다리고

참 기다림이
겸손임을 깨닫는 날
활주로를 달리며
가뿐한 이륙의 기쁨을 만나게 됩니다

겸손 6

겸손은
더하기 빼기 아니다
겸손은 곱하기도 나누기도 아니다
겸손은 정수 소수 분수 그리고
7도 아니고 4도 아니고 123도 아니다

겸손은 0이다
$0=0\times123456789$

0이기 때문에
아주 긴 숫자를 적을 수 있고
0이기 때문에
모든 것을
0으로 만들 수도 있다

겸손 8

물 스승님
얼굴 없지만 어디든 계시는 그리고
우리 몸속 가득 계시는 스승님

흙 스승님
천 가지 만 가지 얼굴로
우리를 이끌어주고 지켜주시는 스승님

바람 스승님
겸손의 향기를 옮겨주면서 어디든 함께 가고
늘 한발 앞서 날아다니는 스승님

호수 물가에 가면 세 분 스승님을 함께 만난다
예수님께서
제자들을 부르기 시작한 곳도 갈릴래아 호숫가였다

겨울 겸손

겸손이 얼음 속으로
겸손이 낙엽 밑으로
겸손이 눈사람 안으로
묵묵 합장 걸어 들어간다

산이 마음을 강바닥까지 내려놓는다
새들이 마음을 갈대숲 뿌리 밑에 둔다
나무들이 마음을 바위 밑으로 감춘다

겸손이 숨어 있는 산과 들
소리도 텅 비었다
색깔도 텅 비었다
맛이나 냄새도 텅 비었다
마음은 까맣게 비었다

산 어귀
솟대가 남쪽만 멀리 보고 있다

멸치

—미리치 한 마리를 묵을 때도
—태평양을 입에 넣는다는 생각을 하기 바랍니다

이렇게 말했었다
이십오 년 전 어느 날
갓 입학한 대학생들에게

그때부터 내가 마음을 태평양에 내려놓았다면
그때부터 내가 겸허하게 시를 만졌다면
지금쯤 꽤나 이름이 알려져
여기저기 불려다니느라 좀 바쁠 터인데
(촌로들과 바둑을 두고 있을 가능성이 더 많지만)

저녁 밥상에서
태평양을 내려다보고 있는 지금

(미리치 보끔이구나 크크크)

내려 놓으니

마음을 바닥에 놓으니
흙 기운 가득 편안하고
생각을 밑에 놓으니
솔바람이 싱그러운 향기를 나릅니다

성聖
속俗
지식 과거 기억 꿈 애증 번민 절망 오만 등등
맨바닥에 널어놓으니
혼이 가뿐합니다

하심과 마주 앉아
차 한 잔 나누면
내 몸에서 목탁 소리 날 것 같습니다

하심을 만나려고 4

시나이 산은 하느님의 산
거룩한 산이다

시나이 산은 자기 마음을 어디에 두고 있는지
가서 물어보았다
마음을 소금 바다에 두고 왔다고 말한다
본래 자기는
소금 바다에 서 있었는데
하느님을 기다리다 기다리다 지쳐
기다림에 끌려 시나이반도까지 왔다고 말한다

세상에
제일 낮은 곳이 소금 바다인데
짭조름한 마음을 여기 두고
멀리 하느님 마중을 갔었구나
그래서 모세와 함께
하느님을 만났구나

기어가라

계획 꿈 일정 짜증나게 헝클어지고
뜻대로 안 되어 안절부절못하면
겸손의 집으로, 기어가라

통장에 9,000원밖에 없어서 실패 파국
절망 이제 망가지는구나 그때
겸손을 만날 수 있다면, 기어가라

인기 하락으로 미끄러지거나
깜깜한 굴에 갇혀 자포자기 그리고
늪에 빠진 자기 모습이 보이면
겸손 명약으로 치료를 기대하면서, 기어가라

중환자로 멀거니 천장만 긁으며
무시했던 겸손이 마지막 한 가닥 끈으로 보이면
마음을 바닥에 놓으며 큰 겸손에게, 기어가라

하심下心은 잠잠히

하심은
사방팔방의 바람을 안고
묵묵무언으로
땅바닥에 앉아있는 일이다
언제나 옯은 미소로
하늘의 빛을 바라보는 일이다

제 영혼이
흙바닥에 붙어 있습니다
당신의 말씀대로 저를 살려 주소서 (시편 119:25)

덮어놓고
털썩
주저앉는 것이 아니다

성체, 사랑빵

억 년 억 년 전에
하느님은 눈부신 빛살로

만 년 만 년 전에
하느님은 넓고 깊은 소리로

천 년 천 년 전에
하느님은 구름기둥으로 불기둥으로

백 년 백 년 전에 하느님은
새 길을 만들면서 거룩으로 희망으로
예나 지금이나 우리에게 무시로 오시는 분,
지금 이제 이곳에
하늘떡 복떡 생명떡으로
눈물빵 웃음빵 겸손빵 하얀빵 사랑빵으로
우리 마음 깊숙이 들어오시는
눈물의 하느님

나를 위하여

아침에 눈 뜨자마자
내 팔이 길어지더니 하늘을 가리키며
빛이 생겨라, 하네

내 안에 하느님이
나를 위해 오늘을 시집으로 만드시고
나를 위해 성경을 환하게 쓰시고
나를 위해 겸손을 다시 보여 주시고
나를 위해 교회를 나직하게 다듬으시네
꺽꺽한 교회를 부드럽게 굽히려고 애쓰시네

오며 가며 온종일
사람에게 나무에게 바람에게 날개에게
나눠주고 안아주고 만져보고 바라보고 기도하고
저녁이 되니 보기 좋다, 하시면서
하느님이 침대에 누우시네 덩달아
나도 침대에 드러눕네
내일 또다시 새로운 세상을 만들자, 하시며
내 안에서 다습게 코를 고시네

아멘 3

내가 죽을 때
아멘
세 번 부르고 싶습니다
아주 겸허하게
천천히

나무가 손잡고 있는 하늘에게, 아멘
나무가 움켜쥐고 있는 땅에게, 아멘
그 다음 은인들에게 엎디어 큰절 올린 다음
나무 안으로 들어가면서, 아멘

십자가 밑에는

2013.03. | 들숨날숨

하느님

가느님—무
나느님—한
다느님—안
라느님—에
마느님—영
바느님—원이신 하느님
사느님—또
아느님—영
자느님—원
차느님—안
카느님—에
타느님—무
파느님—한이신 하느님

단위單位와 측정을 초월하는 힘
무차원無次元 사랑의 원형圓形
무량無量과 영원의 원천이신 PUNCTUM*

* PUNCTUM은 라틴어로 공간의 점點 시간의 점을 표현한다.
발음은 뿡뚬이다.

아담을 지으시면서

이것저것 손 보시고
빠진 것이 없나 살피는데
두 팔을 벌려
눕혀보니
십자十字 모양이다

물고기처럼 다리가 하나만 있으면
멋있는 모양이 되겠구나
아니다 밭일을 하거나
힘껏 달려갈 때에
그래도 송아지 정도는 잡을 수 있어야지
두 팔을 두루미 날개처럼 만들까
사람이 날아다닌다면—글쎄
골똘한 생각에 잠기시는
하느님

사람은 마음으로
날아다니게 만들어야 하겠다

신앙의 신비여 1

눈동자를 내리면서
믿음의 밧줄을 잡고 기도드린다
하느님이 정말 계시기나 하는지
하느님에게는 귓바퀴가 얼마나 많이 붙어 있는지
하필 이때 물음표가 연신 볼록거리고
기도의 어휘들은 자꾸만 꼬부라진다
십자고상을 쳐다보아도 답이 없다
마음이 바위처럼 무겁다

잘 나가다가 엉뚱하게
하느님은 열심히 기도 바치는 사람 머리를 똑똑
대책 없이 두드리신다 그리고
오리무중 문 앞에 멀거니 서 계신다

하느님은 엉뚱한 분이신 듯
아니면 심술궂은 분이신 듯 노크를 자주 하시면서
신앙으로 포장된 의구심을 보내주신다
가끔은 더 의심하라고 뇌세포를 헝클어놓으신 다음
핀셋으로 대뇌에서 붉은 개미 한 마리를 끄집어내신다

신앙의 신비여 3

아가야
하느님을 믿는다는 것은
동서남북에서
그분의 눈빛을 찾는 일이란다
우리 눈은 둘이지만 그분 눈동자는
곳곳에 가득하고 항상 너를 보면서
너의 눈길을 하마하마 기다리신단다
언덕에서 풀잎에서 옷걸이에서 커피잔에서
그분이 너를 빤히 보며 눈웃음 지으신단다

한 식구가 된 아가야
새해에 바라는 것은 네가 우리 집안에
'신앙의 신비'가 되는 일이다
그런 다음 풋풋한 믿음의 무릎으로
그분의 눈빛을 가끔씩 보여주기를 바란다

신앙의 신비여 5

내 아이가 죽다니
하느님은 이렇게 해도 되는 거야
사랑이라는 하느님이———
그렇게 애원했는데
다시는 성당을 쳐다보지도 않을 꺼다

끼윽끼윽 온몸으로 우는 엄마
술병을 들고 고함치는 아빠
어떤 말을 할 수 있을까 국어사전에
위로의 단어를 다 찾아보아도 없다
한 가지 있다면
함께 우는 일밖에

하느님에게 욕질하는 믿음의 수치는 얼마일까
하느님께 마구 대들면서
십자가에 삿대질하는
그 믿음의 수치는 얼마일까
술병 절망 욕질 슬픔 고함 한탄
이러한 단어가 기도 안으로 들어갈 수 있을까
이러한 단어가 믿음 안으로 들어갈 수 있을까

십자가 밑에 서서

시편을 노래하며 하늘 사랑 키웠으므로
새들이 매일 날갯짓으로 십자가를 보여 주었으므로
나무들과 함께 서서 늘 기도하였으므로
아들 손잡고 십자가처럼 하나 되었으므로
아침저녁 예루살렘 향하여 두 팔을 들었으므로
십자가 모양으로 별들이 반짝거렸으므로
하늘나라 향한 구원의 갈망이 발돋움하였으므로

어머니는 쓰러지지 않았습니다
골고타는 주저앉아 부들부들 떨고 있었지만
흘러내리는 피눈물을 삼키면서도
십자가의 어머니는 끝까지
서서
치솟는 무지개 기둥이 되셨습니다

바른 팔

아침 햇살이
십자가의 바른 팔을 잡으면
그 빛살 넘치게 직행하여
왼팔을 만나 함께 달까지 간다
천왕성까지 날아간다 그렇게
그렇게 햇살은 안팎으로
지구를 감싸면서 달린다

한낮 오후
두 도둑이 싸우는 막판 링에서
승리한 도둑의 왼팔을
환하게 번쩍 들어 올린다
오늘 나와 함께 낙원으로 가자
십자가의 바른 팔은
빛 지팡이로
하늘 문을 열고 있다

꿈 11

갈수록 삭아지는 몸을 벗고 사뿐 날아 하늘나라 정문에 섰다—다른 곳에서 온 영혼들도 많았다—비행기 탑승처럼 줄을 서면서 두렵다고 웅성웅성—검색 통과 후 아주 큰 스크린이 내 앞에 펼쳐진다—평생의 모든 생각 행실 오만 죄악들이 나타났다—잘못했습니다 고개 숙이니까 즉시 용서의 지우개가 쓱싹쓱싹 지워나간다—마지막에는 오만함과 겸손함이 접시저울 안으로 들어간다—겸손함이 내려가면 곧장 천국에 들어가지만 오만함은 그렇지 않았다—드디어 내 차례—아래로 퍽 주저앉는 오만함—결국

천사의 인도로 들어간 작은 방
벽 스크린에 갑자기 내 모습이 또 보인다
따사로운 어느 봄날
처음으로 꽃을 피우는 작고 아담한
십자가 모습으로 서 있는 목련 나무
그리고 땅에 떨어져 엎드리고 있는 꽃잎들

내가 목련 나무 밑동을 연거푸 발로 차며
화를 낸다
"왜 내 허락 없이 떨어진 거야"
"내 허락을 받은 다음 천천히 꽃잎을 떨궈야지"

나는 결국
그 방에서 계속 반복되는
목련 나무를 발로 차는 내 꼬라지만 보아야 했다
통절하는 마음으로 꿈에서 깨어나니
베개가 꺼억꺼억 울고 있었다

하늘손

하늘의 손은 부드럽습니다
새의 날개를 받쳐주는 것을 보면

나도
오늘은
하늘의 손에 잡히고 싶습니다
날아다니고 싶습니다
종일
동서남북
상하좌우

내가 던진 돌

밭을 매다가 손에 잡히는 돌을
밖으로 내던진다 어릴 적
호미처럼 쪼그리고 앉아 김을 매던
어머니가 생각난다 그러다가
문득 오늘
내가 던지는 무심한 돌에
먹이를 끙끙 나르던 개미가 맞아 죽는다
죽은 개미의 어멈에게 무슨 말씀 드려야 하나
그 형제들에게 어떻게 사죄드려야 하나
모르고 한 짓이라고 말하면 될까
지구에게도 용서를 빌어야 하는데

내가 먼저 돌을 맞아야 하는, 못난 내가
아주 작은 나의 형제에게 돌을 던져 그를 죽였으니
(나에게는 가벼운 돌, 형제에게는 무지막지한 바위산)

너희 가운데 죄 없는 사람이 먼저 돌을 던져라
이렇게 말씀하신 주님 앞에
무릎걸음으로 겹겹 다가가리라
개미의 주검을 품에 안고

빈 접시

요즘 식당은 깔끔하고 맛나게 꾸민 곳이 많습니다—그런데 저는 회전식 초밥을 보면 걸음 멈추고 한참 바라봅니다—음식 종류나 접시 모양이나 회전하는 속도 등 재미있게 봅니다—그러면 종업원이 앉아 드시라고 권하면서 미소를 짓습니다—얼마 전 회전식 한식 뷔페도 생겼다고 하니까 머지않아 회전식 분식이나 회전식 빵집도 나타나겠지요—제가 회전식 초밥을 유심히 바라보는—그 까닭은—하늘나라의 회전식 식당을 생각하기 때문입니다

하느님께서 제 앞에 빈 접시를 계속 보내주고 있지만
제가 하느님께 드릴 음식을 놓지 못하여
마음이 늘 무겁습니다
하늘의 빈 접시가 30초마다 제 앞에 하나씩 온다면
빛살기도라도 한 모금 놓아서 올려드려야 하는데
빈 접시만 하느님 식탁으로 덩그러니 올라갑니다
사람마다 접시의 시차가 있는지 접시 크기는 같은지
그런 생각을 하다가 빛살기도 한 번 바칩니다

저 때문에 하느님께서 얼마나 많이 배를 곯았을까
생각하면서
생각하면 금방
아픔과 부끄러움이 뚝 뚝 바닥을 흥건히 적십니다

구럼비야 구럼비야

제주는
하느님의 맑은 눈
파도 하얀 물보라로 씻고
뭍의 나무 향기로 닦는 눈동자

외통수 아집만 가진 이들이
매캐한 화약 연기
다래끼를 만들고
기름 시꺼먼 안약을 퍼붓다니

청정 그 바닷물로
청향 그 바닷바람으로
청순 그 바다 돌덩이로
청청 그 하늘빛으로

강정아 본래대로 돌아오너라
강정아 본래대로 돌아오너라
얼른 돌아오너라
구럼비야 구럼비야

오늘의 성경

마당 가득
하늘을 바라보고 있는
자갈들이
흐르는 구름에게 눈짓을 보낸다
떠나온 강물을 생각하고 있다
목 타는 동서남북 건조주의보

마당의 자갈들이
오늘 내가 읽을 성경이다

흙 십자가

흙은 벽돌이 되고
흙은 머드팩이 되고
흙은 고구마를 키우고
흙은 짐승들을 보살피고
흙은 나무뿌리를 꼭 붙잡고
흙 알갱이는 코스모스를 만들고
흙은 도공의 손에서 예술로 태어나고
흙은 아이들의 놀이가 되고
흙은 사람을 만들고
흙이 갖가지 먹이를 만들고
흙으로 돌아간 사람이 산을 지키고

물결이 흙을 만나면 빈틈없이 껴안고
불길이 흙을 만나면 다투다가 형제가 된다
나무는 흙에게 큰 절 못하여 마음 아파한다
공방의 흙은 매일 십자가를 만나
하느님을 체험한다

흙 십자가를 나란히 세워둔 하늘마마집
도공은 기도하며 오늘도 십자가를 만든다

하느님이 흙으로 사람을 만들고
도공은 흙으로 하느님을 만든다

우듬지

미루나무 우듬지는 기도만 한다
구름 손잡고 기도하고
별빛 따라 두 손 모은다

하느님을 믿던 옛사람들이
하느님 집을 지을 때
미루나무 보고 지었을 거다
미루나무보다 더 높게 종탑을 쌓아
하늘의 정기를 당기는 우듬지까지 만들어
천사들의 노래를 들었을 거다

십자가의 우듬지는 어떻게 기도를 할까
내 머리 정수리는 무슨 기도를 할까
기린의 뿔은 장식용 우듬지인가
산 위 나무는 하느님 정원 채송화를 보고 있을까

번개까지 삼키는
천둥소리도 꽉 잡는
우듬지
하늘의 진노를 삼키는 십자가의 우듬지

하느님의 빵

아무리 특별한 빵이라고 말들 하지만
그 빵을 만드는 데 33년이라면 그는
완전히 실성한 사람이다 세상에 그렇게
어리멍청한 제빵사는 있을 수 없기 때문이다

바깥으로 미치고 안으로 더 미치고
온통 사랑으로 미친 빵,
밀가루 반죽 30년을 쪼득쪼득 마친 다음
뜨거운 사막 햇살 노릇하게 40일간 구웠다
그리고 3년에 걸쳐 시식과정을 마친 빵,
이 세상에 단 하나밖에 없는 빵이 나타났다

백조가 자기 죽음 앞에서
가장 아름다운 노래를 부른다는 말이 정말일까
자기 죽음 앞에서
빵을 들고 우는 남자가 있다 뜨겁게
사랑을 쏟아부으며 요절하는 남자가 있다
스스로 빵이 되는 남자가 있다
가장 우아한 노래를 부르는 젊은 백조가 있다

하느님의 빵은 하늘에서 내려와
세상에 생명을 주는 빵이다 (요한복음서 6:33)

흙밥

하늘나라 여행—천사의 미소 따라 큰 전시실 들어선다—수많은 순교자들이 목숨 바치기 전 마지막 밥을 보여주는 곳—빵 수프 채소 과일 국수 달걀 메뚜기 우유 등등 여러 가지 있었다—천사는 특별실로 안내하더니 흙가루를 보여주었다—이게 무슨 음식입니까—한반도 해미 순교자들의 마지막 식사라고 한다—이럴 수가—어떻게 흙을 먹었느냐고 여쭈었다—커다란 구덩이에 생매장되어 흙을 먹으면서 예수마리아 부르고 흙가루로 숨을 쉬며 예수마리아만 찾았습니다—순간 해미의 흙 앞에서 나의 두 무릎이 힘없이 꺾이고 관절은 모래가 되었다—꿈 밖으로

어기적어기적 기어나와서야 겨우 일어설 수 있었다
식탁 위 밥알을 뚫어지게 본다
흙에서 나온 김치 풋고추 반찬 된장국
찬찬히 바라본다
이 음식이 다시 흙으로 돌아가는 모습을 생각하며
흙덩어리인 내가 흙밥을 응시하고 있다
그런데 흙덩어리가 흙밥을 먹으면 무엇이 될까 그때
순교의 찬가 그윽하게 들린다
흙밥을 먹으면서—예수마리아
국물로 모래흙을 넘기면서—예수마리아
흙알갱이 삼키며 흑흑대는 마지막—예 수 마 리 아 아

엄마가 없다

며칠 전, 집 나간 엄마 때문에
아프다
시골 중학교 선생님의 쨍쨍한 수업 소리
그 말씀이 들렸다 안 들렸다 한다
—학생 일어섯
—왜 집중 안 하는 거야
부르르 떨면서 무겁게 일어서는 여학생은
선생님을 노려보더니 외친다 또박또박
—나 는 엄 마 가 엄 따
꽉 막힌 목울대, 교실 밖을 나선다

집으로 가는 길옆 성당 지붕
예수님이 두 팔 높이 하늘을 붙잡고 있다
집에 들어서자 두 손으로 벽을 때리며 눈물을 쏟는다
—엄따 아무도 엄따 아무도 엄따
따귀를 얻어맞고 있는 벽에는
꽃이 피고 강아지가 놀고
아픈 눈물이 뽀얀 안개로 피어 하늘을 오른다

타우 십자가 모습으로

사형도구인 십자가 나무는
나무를 창조하신 분을 핏덩어리로 모신 후
하늘을 향하여 읍소하였다 끄윽끄윽

—죽여 주십시오
—어찌 하늘을 바라보며 새들을 품을 수 있겠습니까
—천부당만부당 극한 배은하였습니다
—어서 저에게 벼락을 내리소서

나무 십자가의 찢어지는 소리를 듣고
산도 몸부림치면서 용서를 빌었다
구름이란 구름이 다 모여
하늘의 명을 기다리고 있었다 한참 후
하늘의 긴 손이 내려오더니 나무를 쓰다듬으며
말씀하셨다

+ 세상 끝날 때까지 너는 내 아들을 지성껏 모셔라 +

그날부터 나무는 절 받는 몸이 되어 더욱 겸손하게
다른 나무들에게 다른 십자가를 만들어 주었다
그리스 십자가
라틴 십자가
타우 십자가
베드로 십자가
안드레아 십자가
삼위일체 십자가
예루살렘 십자가
다미아노 십자가
별 십자가
러시아 정교회 십자가
앙크 십자가
켈트 십자가
십자가+십자가+십자가+십자가

그리스 문자 타우 모양을 가진 타우 십자가를
모세 십자가로 부르는 사람도 있고

티T 십자가로 부르는 사람도 있지만
나는
타우가 고개를 끝까지 숙인 사람 모습으로 보여
타우 십자가는
하느님 앞에서 목이 완전히 꺾인 사람이라는
생각이 든다
무릎을 꿇고
목을 접으면
하느님의 축복을 많이 받으니까
타우 십자가가 되고 싶은 마음도 가져본다

나무에게 벌 내리시지 않고 축복을 내리시는
하느님께
어떤 모양의 십자가이든
모든 십자가를 축복하여 달라고
매일 아침 두 손 모으고 싶다
그리고 금요일에는
두 팔을 힘껏 벌리면서
타우 십자가를 시연(試演)하고 싶다

구원의 빛

해맑은 마리아 아씨 걸음을 인도하는
음표 하나
고이고이 내려옵니다
베토벤 피아노 협주곡 5번 2악장의 오선 악보가
유리 방울 소리로
어둠살을 하나하나 지워가며 내리계단을 만듭니다
창세기를 새롭게 쓰기 시작합니다
하늘 합창과 어울려
밤이슬 양떼 나무 목자 돌멩이 풀언덕을
건반 위에 가득 올려놓고 숨 가쁘게 뒤흔듭니다

영원한 봄 처녀의 가슴에서
해밝은 아기 눈동자가
해보다 더 향긋하게 어둠을 벗깁니다
해보다 더 뜨겁게
너절한 우리 마음들을 태웁니다

대림 등대

온
하루
또 하루
돌을 쌓고
발돋움하면서
층층대를 만듭니다
애타게 기다리는 사랑의 빛님
암벽타기처럼
조금 조금씩 오르면서
하얀 벽돌로 발판을 쌓아갑니다
끝내 뜨거운 불덩이로 익어가는 기다림은
높다란 등대가 되어 먼 길을 살피면서 천 년
망부석으로
일어섭니다
고이고이
오시도록
동서남북
밤낮 불을 밝힙니다
낮밤 손을 흔듭니다

갇혀 사는 사람들

갇혀있는 소들이 소 공장을 만들고
갇혀있는 돼지들이 돼지 공장을 만들고
갇혀있는 닭들이 닭 공장을 만들고

갇혀 사는 사람들이 공장 돼지를 먹고
갇혀 사는 사람들이 공장 닭을 먹고
갇혀 사는 사람들이 돼지 소리로 싸운다
사방팔방 서로 많이 먹으려고

낄낄 새들이 날아간다
이 공장 저 공장을 내려다보면서
줄장미 꽃향기 만지면서
산 너머 시인에게 놀러 간다

가자미 마을

내가 요나(구약성경 인물)가 되어 멀리 도망갔었다
아무도 찾지 못하게 배 타고 동굴 섬으로 가는데
하느님께서 폭풍우로 배를 뒤흔들어 그만 바다 깊이 빠졌다

가자미 동네 어귀에 떨어졌다
나자미들이 다른 고기들을 바보로 여기며 빳빳하게 설치고
다자미들은 돈이 된다면 땅 바람 산 강 죄다 파헤친다
라자미들은 논리 문제로 고기들에게 따지기 바쁘다
마자미는 황금을 섬기는 제단에서 돈 이야기 퍼지게 하고
바자미는 뒷구멍 돈 긁어 아방궁 돌집 뒹굴뒹굴 산다
사자미는 모든 고기를 낮보면서 공주로 왕자로 날아다니고
아자미들은 건더기 있는 감투를 쓰고 오만 가지 사드린다
자자미들은 국물 흐르는 감투에 허리 굽실거린다
차자미들은 늘 고급 차 고급 술집에서 오색 안주만 먹고
카자미는 바보상자 종이 칼 만들어 귀족으로 군림한다
타자미는 새우들이 애써 만든 놀이기구를 후려 차지하고
파자미는 밤낮 속옷만 입고 아무 데나 몸부림 춤을 추며
하자미들은 수표 어음 피눈물 카드놀이에 정신 팔려 있다

몇십 년 구경 잘하고 흉내도 내어보다가
겨우 육지로 올라온 나는, 막판에 詩에 미쳐 오늘도
사방 킁킁대는 개 코 안에서 시상을 끄집어낸다
시 공부 열심히 하라는 하느님 말씀이 들리는 듯 보이는 듯

벽이 너무 높아

네 목소리가 들리지 않는구나
여기는
검불 태우는 들판 연기가 그윽한데
네가 있는 거기는 목련이 웃고 있는지
소낙비 시원한지 많이 궁금하구나

어제도 장례미사로 한 노인이 이승을 떠났다
유족들은 저승의 높은 벽을 두드리면서
눈물로 성당 바닥에 아픔을 길게 그리더구나

벽이 어찌 그리 높은지
여기서 고함쳐도 들리지 않는다면
거기서 고함쳐도 들리지 않겠지
개구멍이라도 어디 쪼그맣게 보이면
저승의 발소리라도 조금 기어나올 듯한데
하루에 꼭 너를
열한 번 이상 생각하라고
11월 달력이 또박또박 말하고 있지만
열 번이든 백 번이든 기도하면
꿈길 높은 벽 너머 잠시 엿볼 수 있을는지

지금 여기 1

순간을 꼭 잡고 있는 지금
시간의 출발이면서 종점인 지금은
갖가지 시각時刻의 씨앗이고
무섭게 회오리치는 태풍의 고요이다

지금은 하느님의 현재이고
과거와 미래를 껴안고 있는 영원이고
지금은 하느님의 사랑이리니
내가 하늘을 바라보고 있는 여기에
지금을 꾸욱 눌러 포개면
여기는 절대 존재의 현존現存 또 현장現場이 된다
지금은 절대 존재의 현시顯示 또 현시現時가 된다

Hic et Nunc*은
본래부터 하느님의 어휘였다

* Hic et Nunc(힉 엣 눙크)는 라틴어로 '여기 그리고 지금'이며,
영어로는 here and now이다.

지금 여기 4

씨줄 위에
날줄을 교차로 놓으면
동서남북이 된다
교차점이 하느님의 창조 현장이다

원형의 에너지는
무한으로 팽창하면서도
큰 사랑의 점으로 변하시는
하느님은
존재를 만드시는 자존자自存者이시고
존재에게 시작始作을 주시는 자유자自有者이시다

'지금여기'는
하느님의 현주소이다
하느님 역사役事의 현장이다

통일이 오면

이참에
고구려高句麗를 새로운 국호로 부르자
영문 표기는 COREA꼬레아로 쓰면서
KOREA코리아도 함께 사용하자
비무장지대를 천연 공원으로 만들고
홍익 깃발을 백두대간에 높이 세우자
시와 노래와 그림 잔치를 가을마다 열고
봄에는 산나물 비빔밥을 푸짐하게 장만하여
지구촌 엄마들 장애인들 젊은이들 예술인들 초대하자
이 땅을 찾아오는
이념 종교 역사 문화 둥글게 손잡고
십 리 꽃길을 가꾸어 향기 가득 채워보자
만卍에서 십자十를 관조하고
십자가 안에서 만卍의 그윽한 숲을 바라보자
그날, 그토록 그리던 그 반쪽을 만나
비로소 한 몸 이루어지면 우람한 합창으로
고구려 하늘을 드높이자 통일이 오면
통일이 오면!!!!

누구의 기도일까

오늘 큰 지진이 일어나지 않는 것은
지나가는 자동차가 나를 들이박지 않는 것은
누군가
나를 위하여 기도 하고 있기 때문이다

뜻하지 않게 좋은 사람을 만나게 된 것은
그리고 나 같은 큰 죄인도 아직 건강한 걸 보면
누군가
나를 위하여 기도 하고 있기 때문이다

콩알 신앙 안에서도 하느님을 느끼고
화장실 네모 타일 벽에서 십자가를 생각한다
누군가
나를 위하여 밤새워 기도 하고 있기 때문이다

어린 사슴의 눈망울 안에서 하느님의 눈길을 보고
나무 이파리들의 흔들림에서
하느님의 사랑을 뜨겁게 느낀다면
누군가
나를 위하여 정성 어린 기도를 드리고 있기 때문이다

스스로 묻는다

내가 나에게 묻는다
너는 무엇이냐

어디서 길이 시작되는지
여정旅程의 끝은 어딘지 생각해 보았는가
지금 가고 있는 길목에서 풀꽃이 반겨줄까
그러고 또
이 천 년 전 빌라도는 예수님에게
진리가 무엇인가* 물어보았는데
나는 참나무 낙타 장승 강물에게 진리를
물어보았는가, 눈동자 뜨겁도록 찾아보았는가
생명의 소리를 들어 보았는지
성스러운 어휘語彙인 생명, 그 의미를
송아지 바라보는 어미 소처럼
얼마만큼 되새김질하였는지

너는 무엇이냐
나에게 내가 또 묻는다

* 요한복음 18장 38절

방위표시

지도의 방위표시는
왜 4 자를 그려둘까

하늘에는 새들이 십자가 방위를 그린다
바다에는 촘촘한 십자가 뼈로 고기들이 춤을 춘다
이를 본 나무는 십자가 닮으려고 팔 벌렸다 올린다
동서남북
사람들은 좌표를 그린 다음 욕심의 말뚝을 박는다

가로 세로는
평행선이든 교차선이든
가는 길 그리고 가는 방향뿐이었다
손바닥 침이 어디로 날아가든 방위는 모두 아름답다
사람 몸이 방위이고
마음이 방위표시이니까

드높은 은하수 지도에는
방위표시를
어디에 붙여야 하나

엉불아

매일 아침
겸손한 시인 만들어 달라고 기도한다
일 년 넘게 기도한다 어느 날 아침
하느님이 부르신다

엉불아
—저 여기 있습니다
쥐꼬리 그만 잡고 밖으로 나오너라
시에 미치려면 먼저 나무가 되어야 한다
—제가 나무 안으로 들어갈까요
그래라

삼 년이 지나고 봄꽃이 필 때에 나무 맛을 알고
나무 십자가 되고 나무뿌리가 되고
그제야 '엉불아' 뜻을 안다

엉—뚱하고
불—쌍하고
아—이 같고

엉뚱한 시를 만들고
불쌍한 시를 만들어 아이처럼 손벽을 쳐야겠다

벙어리 감실

2014.09. | 들숨날숨

나무 감실

시골 성당 마당에는
느티나무 자귀나무 감나무 벚꽃나무
성당 안에는 나무가 안 보인다
돌제단 금속십자가 벽돌 유리창

오색딱따구리가 한여름 시골성당으로 날아왔다—부리로 쪼을 것이 안 보여 나가려는데—작고 예쁜 나무집이 보인다—집 앞에는 빨간 등불이 방긋방긋 웃고 있다—우와, 멋있다—부리로 딱딱 때려본다—그러자 안에서 똑똑똑 두드린다—억 놀라 뒤로 벌러덩 자빠진 오색딱따구리—숨이 가쁘다 헉 헉—머리 흔들어 몸을 추스린 다음—이번에는 딱딱딱 세 번 찍어본다—똑똑 똑똑 안에서 사박자로 응답한다

그날부터
성당에 아무도 없을 때에는
딱딱 똑똑똑
무반주 목판 악기 연주가 기도를 한다

잠잠해져라

그분께서
바람을 꾸짖으시고 호수더러
"잠잠해져라. 조용히 하여라!" 하시니
바람이 멎고 아주 고요해졌다 (마르코. 4,35-41)

그때 바람을 꾸짖으시는 말씀 따라
그분 가슴에서 나온 숨결 한 점이
구만리 장천에서 백 년 천 년
구름 위로 바람 위로 다니다가
마당의 모과나무 가지에 잠시 쉬더니
아침 햇살 펴질 때
부글거리는 내 허파 속으로 들어온다, 순간
—바람이 멎고 아주 고요해졌다—
뜨거움으로
두려움으로
내 마음이 수평선 되어
하늘까지 이어진다

어느 아침

지구에게 아침 인사하려고
마당으로 내려와 보니
쓰레기 자루 앞에서
강아지가 꼬리를 뱅글뱅글 돌린다
휴지 끄나풀 비닐 감기약봉지 사과껍질
찢고 뭉개고 마구 어질러 마당이 뒤숭숭하다
이놈이—
고함이 솟아오르는데
시어詩語가 목청을 탁 막는다

너도 하느님 위하여
시를 짓는구나

너무넘 부끄러워

천사가 하느님의 시간을 나누어준다
새해를 받으려고
하늘 달력 앞에 줄지어 섰다

—넌 어떻게 얼굴이 없느냐
너무넘 부끄러워 집에 두고 왔습니다
—그래도 하늘 달력을 받겠느냐
……

집에 돌아와 머리를 목에 얹고 달력을 본다
겨우 걸음마를 배울 때
그때 그만 흙으로 변했어야 할 내가, 오늘
큰 죄인이 되어 하느님의 시간을 조심스레 잡는다
추루한 흔적들을 눈물이 먼저 알아보고
줄줄 솟아 달력을 닦는다
매일 이천 번, 매일 열네 번 주님께 읍하면서
새해에, 어두운 발자국 박박 지우고
붉은 사막의 순례 길을 어기적 어기적 걷고 싶다

벙어리 감실

〈가〉
하느님은 입이 없으시다
눈으로 보시고
눈으로 말씀하신다
그 눈동자는 어디든 있으면서
무엇이든 환히 보신다

〈나〉
하느님은 입도 없고 눈도 없으시다
오관이 없으시다
오직 진동으로 모든 것 보시고
모든 존재에게 말씀하신다
그래서 감실도 벙어리이시다

〈다〉
하느님은 생각으로 일하신다
생각을 눈으로
생각을 입으로 옮기시어
사람을 보시면서 말씀하신다
하느님의 생각은 무한하시다

〈라〉
하느님은 마음으로 움직이신다
사랑의 뜨거운 마음으로
말씀도 하시고
천리 만리 먼곳의 모래알도 보신다
하느님의 마음은 우주의 근원이시다

〈마〉
가, 나, 다, 라, 모두 틀린 말이다
가, 나, 다, 라, 모두 맞는 말이다
낱낱이 틀린 말이면서
다 맞는 말이다
벙어리이신 하느님도 맞고 그리고
어디서든 온갖 말씀을 하시는 하느님도 맞다

〈바〉
사람 안에 숨어 계시는 하느님은
천개의 손가락으로
사람과 매일 숨바꼭질하신다
못 보고, 사랑으로 보고

없고, 사랑으로 있고
못 맡는다, 사랑으로 맡는다
못 듣고, 사랑으로 듣는다
떨어진다, 사랑으로 붙잡는다
못 느끼고, 사랑으로 느낀다

〈사〉
사랑으로
벙어리 사랑으로
삼라만상 벙어리 사랑으로
하느님께서는—

얼 마음 몸

아버지 하느님께 믿음의 흠숭을
구세주 예수님께 소망의 영광을
사랑의 성령님께 사랑의 찬미를
오롯하게 드립니다
모든 존재의 인력과 척력을 조율하시는
세 위 한 하느님 품 안에서

저희 얼
저희 맘
저희 몸
속죄 기도로 가리면서
두 손 모읍니다

자루옷

요나의 외침을 듣고 니네베가 입었던
다윗임금이 나탄 앞에서 눈물로 입었던
푸대자루옷을
오늘 제가 입고
깜깜한 하늘을 보고 있습니다
묵묵히 무릎을 굽히고
머리와 가슴을 흙바닥에 내려놓습니다
안팎의 어둠을 모아 불사르고
악취를 긁어내어 땅 깊이 묻은 다음
잿물로 영혼을 치대면서
눈물로 닦습니다
사십 일이든
사십 년이든
사백 년이든
하늘이 손톱만큼이라도 열릴 때까지
하늘의 미소가 보일 때까지

어려운 면담

하느님을 믿는 것은 무엇입니까
—……
뭐가 잘못되었습니까
—믿는 것이라는 말은 큰 잘못이다
그러면 어떻게 말해야 합니까
—하느님을 믿는 일이다
그러면 하느님을 믿는 일은 무엇입니까
—하느님을 먹는 일이다
거룩하신 분을 먹다니 큰 불경입니다
—아니다, 하느님은 먹거리 시니까
너무 어렵습니다
—사랑으로 접근하면 쉽다

그래 그렇게 하자

이번 성탄에 산타클로스 옷을
아기 예수님 배내옷으로
우리 모두 예쁘게 고쳐 입자
그래 그렇게 하자

썰매 대신으로 구유통을 들고
골목에 나무에 낮은 대문에
성탄 노래 부르며 함께 춤추자
그래 그렇게 하자

사슴을 반짝이는 하얀 별로
코를 빨간 별빛으로 바꾸어
높이 들고 하늘을 깡충깡충 달리자
그래 그렇게 하자

우리가 아기 예수님 모습으로
이웃집에 하늘의 축복을
가지가지 색깔로 항금 전하자
그래 그렇게 하자

꾸러미 선물 가득 껴안고
마리아님 요셉님 맑은 웃음을
낮은 마을로 가서 신나게 나눠주자
그래 그래 그렇게 하자

깔때기 모자

아담한 시골 성당—수녀님이 아이들에게 말했어요—성탄 밤미사 때 아기 예수님에게 드릴 쪼그마한 선물 하나씩 들고 오세요—사탕 강아지 인형 빵모자—그리고 별 풍선 아기곰 색연필 참새—

아빠 엄마가 아파 누워있는 가난한 베드로는 밤 미사에 가지 않으려고 했어요—엄마가 그걸 알고—라면 상자를 곱게 오려 깔때기 모자를 만들고—초록별 군밤 찹쌀떡 사과 비둘기 썰매를 모자에 예쁘게 그렸어요—베드로야 미안해—이 모자를 아기 예수님께 드려라—

베드로가 깔때기 모자를 쓰고 성당으로 타박타박—아이들이 모두 손가락질로 놀렸지만—베드로는 꺽꺽 엄마 아빠 생각하며 눈물 뚝뚝—신부님 수녀님이 손뼉을 크게 치면서—우와! 멋있다—최고다—하니까 갑자기 깔때기 모자가 성당 천창까지 올라가서—높다란 성탄 나무가 되고—별들과 꽃들이 천장 가득 반짝거렸어요—그때 엄마 아빠는 집에서 누워 하느님께 뜨거운 눈물 기도를 바쳤어요—밥을 굶는 아이들을 로사리오에 담아—밤새도록 하늘어머니께 빌고 또 빌었어요—그 해 성탄 밤미사는 하늘만큼 땅만큼 향긋하고 아름다웠어요—

빛내림

어제
내가 보았던 나는
어둡고 많이 아프지만
오늘
내가 바라보고 있는 나는
부러진 십자가로 서 있다

시나이산이 머멀리 붉게 보이고
하느님의 손길이
구름 사이로 내려와
모래 언덕을 어루만지고 있다

첫 번째 성체조배

말씀하신 대로
저에게
이루어지기를 바랍니다

감실이 된 몸을 만지며 주님 뜻대로 하소서
대천사는 엎디어 조배를 하고 물러갑니다
첫 조배를 하는 마리아는
놀라움과 평화로움으로 눈을 감고 있습니다
바람 산 들판 강물 나무 바위
모두 소스라치게 놀라고 있습니다

안나와 요아킴은 마리아를
고이 안고 경탄 감사 찬미 기도 바칩니다
두 번째 성체조배를 하면서
종일 무릎으로
두 손 모아 감읍합니다

세 번째 성체조배

이 세상에서
세 번째로 성체조배를 하는
요셉은
아직도 머리가 띵합니다
머리가 구름 위에 얹혀있고
헛다리 가웃둥거리며
겨우 집에 왔습니다
목공소의 나무들도 어질어질합니다

하늘 바라보며 두려움을 삼킵니다
그리고 요셉은
간밤의 꿈을 다시 생각합니다

네 번째 성체조배

인사말 소리가
제 귀에 들리자
저의 태 안에서
아기가 즐거워 뛰놀았습니다

춤추며 성체조배를 한 세자 요한
뜨겁게 감실을 껴 안으며
조배하는 엘리사벳

벙어리가 된 즈카리아
낙타 입술처럼
하늘 쳐다보고 또 감실바라보고
읏읏 거리며 가슴을 칩니다
손으로 연신
하늘을 가리킵니다

나무는 늘

절반을 숨기고 서 있다
가지가 떨어지거나 심지어
태풍으로
둥치가 부서지더라도
자신의 흙을 보여주지 않는다

나무,
나무는 죽을 때까지
아니 죽은 다음에도
겸손을 겸손 안에 깊이
숨기고 있다

우주 감실

하늘에 계신 우리 아버지를
부를 때
별들은 멀리서
손벽을 치고 있었습니다

우리 안에 계시는 우리 아버지를
부르니까 별들은
우주 감실의 성체등이 되어
찬란한 합창을 들려줍니다
아주 가까이서
영혼을 씻어주는 화음으로
조용히 다가옵니다

시인 같은 수녀

하느님의 손은 어디 있는가
파도를 높이는 바람일까
미켈란젤로의 천지창조 손일까
제단 위에 손
먹구름 안에서 번쩍이는 번갯불

평화 TV, 미션에서 수녀가
중남미 한 시골 할아버지를 만나
악수를 하더니
큰 소리로 놀란다
—하느님의 손이다
가족의 생명을 가꾸는 꺼칠꺼칠한 손바닥
코끼리 발바닥보다 더 무거운 손
하느님의 손을 잡고 흔들어 주는
시인 같은 수녀 모습이
가끔 눈 앞에 나타난다

감방

—너희는 감실이라고 말하지만
—감방이다
—좁고 잠겼다는 감방이 아니고……

무릎꿇고
마음으로 우는 사람에게만
들리는 말씀이다

유턴U-turn

어지간히 멀리 갔습니다
하늘 높은 집 사람들을
기차가 데리고 가더니
신이 죽었다고 하니까
황금이 구원의 눈동자로 보이고
여체가 고전적인 예술로 보여
종교인들까지 뒤따라 구경합니다
비행기가 높이 나르니까
하느님도 뾰죽집에서 고개 들고 보아야 하고
과학 기술은 영웅이 되었으며
템포가 맥박을 밟고 달리는 팝송
엄청 멀리 갔습니다
성당 종소리도 안 들리는 곳 까지
높은 종탑도 보이지 않는 곳 까지
유턴이라는 말도 잊은 듯 합니다

하늘에게 땅에게 사람에게

2015.08. | 리북

동그랑쇠

하느님과 놀이를 한다면
숫자놀이 은행놀이 자석놀이 할까
다음날 하느님이 동그랑쇠를 들고 와
같이 굴리며 놀았다 그때
높다란 집 근엄한 어른이
정삼각형 바퀴를 주면서 즐기라고 한다
잠시 후
마을 아이들이 별 바퀴를 굴려야
하느님께 어울린다고 말한다

하느님은
그런 것은 잘 굴러가지 않아 재미없다
하시며 동그랑쇠로 뛰어다니셨다
갈수록 솜씨가 붙어
산에서도 굴리고 땀 뻘뻘
들판을 달리고
끝내 하늘 마당까지 올라가
신나게 굴리며 놀았다

그날
하느님은 철없는 아이 같았다

빛을 받고 싶다

나는 성당을
둥글게 짓고 싶다 제단을
한가운데 원반 무대 위에 올리고
주일미사는 아주 느리게
한 바퀴 돌아가도록
설계하고 싶다

하느님의 날
하느님의 집에서
자전自轉의 사랑과
공전公轉의 빛을 받고 싶다

령시靈詩를 만나고 싶다

언어의 성사聖事인 시는
진선미를 그림으로 보여주는 보석,
그래서 시는 늘 향기로운가 보다
이제, 시를 지을 때
단단한 껍질을 벗기고
더 안으로 더 깊이 파야지 그리고
한 마당 크게 휘돌고 씨앗까지 삼키면서
심연 그 어드메 숨어 있는
시성詩聖을 만나고 싶다
홀로 하늘을 돌아다니고 가끔
심연의 바닥을 산책하시는
그분과 함께

사랑은 진동이니까

창세기 삼 분 전
하느님의 고민
—내가 진동임을 어떻게 보여주나—

그렇지
그렇게 하면 될 거야
사람의 눈동자에 광파光波를 붙여주면
거룩하신 영이 감돌기 시작하고
굴러가는 바람으로 피부를 만지면
고막을 울리는 음파가 춤을 출거야

이날부터
부동자세의 눈에는
사랑이 보이지 않는다

오월에는

하느님 안에서
하느님을 뵈옵지 못하는
어리석은 이 몰골을 살피소서

하늘 어머니

간절한 염원을 보시고
오월에는
어두운 눈망울을
솔잎 한 가닥만큼 열어 주세요

너무 좋으신 하느님

첫째, 잔소리 안 하신다
눈에 보이지 않아서 편하고 좋다
큰 죄인을 마냥 기다리며 끝까지 참아주신다
넷째,
사고 치고 도망가면 조용히 수습하신다—
상상보다 너무 단순하시고 순수하시다—

지구에게 자문을 구하여
하나 고른 다음
우뚝 깃발을 올려야 하겠다

니체를 생각한다

우주를 고뇌하던 니체
—신은 죽었다
간디는 솔직하게 말했다
—그리스도는 좋지만 그리스도교 신자는 싫다
살바도르 달리는 콧수염 높여 인터뷰할 때
—신의 존재는 믿지만 신앙은 없다

이들을 만나면 큰절을 드리고 싶다
하느님을 공경한다면서 나는 수시로
무시로 하느님을 죽였기 때문이다
죽었다
죽였다
엄청 다른 뜻이므로
신神은 타동사를 초월하므로

우주 바다

강물은 바다로 간다
모든 겸손은 바다로 모인다
거기서 사랑을 음표로 그려
바다와 물을 만드신 분에게
생명의 노래를 드린다

우주의 모든 흐름은 어디로 모이는가
전자 계산기로 셈 할 수 없는
무지막지한 별들은
어디로 흐르는가
별빛의 진동은 어디까지 뛰어가는가
우주에도
바다가 있어야 하겠다

천명에 순종하다

대천사가 전하는 천명天命 앞에
—말씀하신 대로
—저에게 이루어지기를 바랍니다
이 말씀은 화두가 되어
마리아의 일생을 이끌어 간다

아들을 잃고 사흘을 헤매면서
—말씀이 이루어지기 바랍니다

광야의 아들과 함께 단식할 때
빌라도가 '이 사람을 보시오' 할 때
십자가의 핏빛 망치소리 들을 때
—말씀이 이루어지기 바랍니다

천의天意에 몸을 맡겨
천상 모후가 되신 마리아의 기도
—말씀이 이루어지기 바랍니다

광야로 가자

예언자 입으로
사막의 마음으로 간절한 그분
메시아는 어디쯤 오시는지

광야의 지팡이 앞에서
거짓과 위선을 버리고
끈질기게 달라붙는 오만을 내던지면서
자루 옷을 입고 그분을 기다리자
낙타 털옷의 외침이
마음을 뚫고 영을 흔들면
그분을 가까이 뵈올 수 있으리라
우선
광야로 가자

천 년 전 예약

서울 밤하늘에 별이 찾아왔다
초대하지 않았는데 나타났다
자리를 달라고 하지만
모든 것이 예약
정원 포화 상태이다
별이 조용히 부탁한다
천 년 전
그 전에 예약하였으니
기록을 찾아보고
자리를 마련해달라고 한다

술잔을 높이 들자
하이템포는 춤을 춘다
서울의 밤은 빈틈없이 만원이다
터지는 불꽃이 순간 어둠을 삼키지만
하늘 높은 곳에는 영광의 불꽃이 어지럽고
거멓게 포장된 땅에서는 함성이 가득하다
금방 번쩍
금방 사라지는 불꽃

서울 밤하늘의 별은 시골로 내려간다
송아지와 낮은 언덕
가난과 양 몇 마리
떡국 서너 그릇 그리고
기다림이 있는 시골로 간다

빛의 신비 5

은하수를 광년으로 산책하시는 그분이
시침時針 안으로 들어오시다니
1분一分에 웃고
오 분五分에 우는 사랑의 표본이 된다

사랑 안에서
사랑으로 넘치시는
그분이 골고타의 길을 밟기 전에
어찌 그런 생각을 하실까
어찌 그런 묘수를 보여주실까
팔소가 아니고
아예 빵으로 변신, 먹이가 되시다니
지구를 통째 감실로 만드시다니

예를 갖추어
빛의 신비 5단 앞에 묵배默拜

령시靈詩

내가 쓰는 詩는
령시靈詩로 가는 허물이다
얼마나 많은 허물을 벗어야
령시가 보일런지 가마득하다

일순도
모음과 자음을
놓치지 않으리라
바람이 안고 오는
신비스러운 향기를
놓치지 않으리라
령靈이 보일 때까지
놓치지 않으리라

마다리푸대옷

초대를 받았다
황야를 걸어야 하고
바위산을 넘는 40리 돌판 길이다
청바지가 좋을지
감색 양복이 좋을지
옷 가게 들어서니 많은 사람이
저마다 초대장을 들고 마땅한 옷을 찾는다
돋보이는 색상과 비싼 옷감을 만져본다

사순절 기도 모임으로
초대장을 보내신 그분은
마다리푸대옷을 입고 기다리신다는
소문이 들리지만
설마, 갸웃거린다

그게 아닌데

리모컨으로 아침을 열면
신상품 대박 보험 시세 로봇
돈 돈 돈 이야기뿐—그게 아닌데

정치꾼들은
숨 쉬듯 복지 행복 국민 헌신 봉사 등을 말하고
숨 죽이듯 돈구멍 돈줄을 살핀다
그리고 각 분야 지도층은
출연료 더 높이 받는 일에 마음 쓴다
듣거나 말거나
입은 부산하게 놀린다—그게 아닌데

아이들에게
행복에 대한 단어를 보여주지 않고
밤낮 성공하라는 말만 한다
돈 권력 출세가 성공이라고 부추긴다—그게 아닌데

주변에
마음으로 말하는 입이 없다
마음으로 바라보는 눈이 없다
깊은 마음으로 글을 쓰는 손이 없다
눈물이 안 보인다—그게 아닌데

닐숨nil-sum

왜관 수도원 성당에 무릎 꿇고
파이프 오르간 안에 모여 있는
천 년의 그레고리오 성가를 바라본다
그때
실오라기 하나가 하얗게
내 눈동자 앞에서
한 뼘 유연하게 올라갔다가
천천히 옆으로 날아간다
따라가려고 한쪽 무릎을 들었지만 그만 놓쳤다
그 순간
욥의 기도가 나타났다

—저 자신을 부끄럽게 여기며
—먼지와 잿더미에 앉아 참회합니다 (욥기 42:6)

야고보 나모 춘식 방지거 은비얼 촌식
이름을 차곡차곡 접어 깔고
그 위에 엎디어
새 이름으로 참회한다
닐숨nil-sum*으로 속죄한다

* nil sum = Ego sum nihil = I am nothing

지문으로 인사한다

나다, 한마디 던지면
아파트가 열리는 요즘
지문指紋 신분증이 놀랄 일 아니지만
나는 매일 아침 땅바닥에
열 개의 지문을 꾹꾹 눌러가면서
지구에게 아침 인사를 한다
백두대간 손가락으로 응답하는 지구가
낮은 구름으로 미소를 짓고
가끔은 눈물을 보여준다

그때 다니엘서(3:74)가 노래 부른다
땅아
주님을 찬미하여라
영원히 그분을 찬송하고 드높이 찬양하여라

허상

눈에 보이는 것이 실재實在인 듯
오관으로 인식된 허상虛像이 현존現存인 듯
허상이 내 것인 듯 그리고
내 것이 영원하기를 바라며
평생 살아왔다

보이는 것을 희망하는 것은
희망이 아니다*

허상은 허상으로 배설된다는 것을
깨달은 순간 내 꼬라지가
울타리 밑에 찌그러진 호박처럼 보였다

* 로마서 8장 24절

사람에게

그 사람 연봉이 얼마인데
그 사람 자동차는
대학과 전공이 돈 되는 건가
그 사람 부수입은 얼마일까
그 사람 얼마짜리랑 결혼했는지
그 사람 몇 년 후에 사장 되는고

시간을 갉아먹는 세상에
미소가 고여 있다면 넉넉하리라

사람 냄새나는 사람은
어디 가서 찾는지 사람에게 묻는다
하늘 향기의 하늘 사람은
어떻게 찾아야 하는지 또 묻는다

짓궂은 분

사람 마음 안에 들어오시려고
가슴을 뚫어 틈을 만드신다
이분은
이렇게 짓궂은 분이시다

고통은 이분의 손짓이고
아픔은 이분의 종소리이다
자주 생각해달라고 또
기도 한마디 듣고 싶다고
시도 때도 없이 집적거리신다
이분은
사랑의 뜨거움을
아픔으로 보여주신다

70년 살았는데

아직 숨 쉬고 있다는 것은
자루 옷으로 속죄하라, 는
아니면
하늘 심부름이 끝나지 않았다, 는
천명天命이 있기 때문일까

천명은 낮은 몸으로
침묵으로 온다는 것을 깨달은 날
길쯤한 서쪽 노을이
마지막 길로 보인다

모닥불 앞에서

별을 향하여 날아오르는 불꽃
이글이글 밑불은
아픔을 참느라고 중얼거리며 기도를 바친다

모닥불이 뜨거운 심장을 가진
생명으로 보이더니 잠시 후
참회하는 두 손으로 다가온다
바람결에
불길은 기린처럼 머리를 치켜들면서
먼 사막 조상을 인도한 불기둥의 후손인 듯
생태生態의 단면을 보여준다

모닥불 앞에서
난생처음 무릎 꿇어
불덩이를 응시하며 합장을 한다

내 얼굴은

가르치는 얼굴이 아니다
배우는 얼굴도 아니다
너 나 없이
가르치려고 높다랗게 목덜미를 세우니
봄 여름 갈 겨울
내 얼굴은
엷은 미소까지 바위 밑에 숨겨둔
덤덤한 얼굴이 되어간다

지친 내 얼굴이
바다를 처음 보는 아이의 모습으로
변할 수 있을까

고통 상자

아프면 어떡하나
—어떡하긴 그냥 아픈 거지

하느님께 따져봐야지
—벌써 꼬치꼬치 따지면서 대들었어

그런데도 왜 계속 아프지
—선물이래, 고통이 무슨 선물이냐

할 말 없네
—나도, 선물을 열어보기가 무서워

며칠 후
선물 상자를 열어 본 날
그 아픔은
두 날개로 높이 날아갔다
새가 되어

나는 나 먼저

나는 나 먼저
백로처럼 성호를 긋고

나는 나 먼저
개미에게 겸손을 배우며

나는 나 먼저
흰고래같이 기도하면서

나는
나 먼저 높이 솟아
하늘을 날고 싶어라

신의 걸작품

여체女體를
창조주의 걸작으로
기립 박수하는 예술가들

여자의 아름다움은
보는 이의 얼굴을 밝게 해 준다 (집회서 36:27)

거시기
여체도 좋지만, 내 눈에는
흰돌고래가 최대 걸작품
그 빛깔과 곡선은
그 누구도 침범할 수 없으리
다음은
고추잠자리
그다음 여체의 볼륨

헛살았다

죽음을 십리 길로 놓아두고
뒤돌아 지난 세월을 본다

헛살았다

이 말이 입으로 나오지 않고
눈물로 떨어진다
욕심을 부려
주위를 헝클어 놓았던 일들이
정신 병동을 들락날락한 것 같아
쓰디쓴 맛으로 번진다

주님
저희는 모두 얼굴에 부끄러움만 가득합니다
저희가 당신께 죄를 지었기 때문입니다 (다니엘서 9:8)

땅 사람

몇 평 되는 땅으로
까불거리는 땅 사람을
공간으로 보면 먼지도 아니다

하늘의 말씀이 땅에 울린다
그래 지구라는 땅에서 한 번 살아 보아라
생명이 무엇인지 사랑이 무엇인지
신神이 무엇인지
이 정도라도 바로 깨달으면, 그다음
다른 차원에서 나랑 더 큰 일을 해보자

땅은 발판이 아니다
땅은 눈곱보다 적은 먼지일 뿐이다
땅을 벗어나면 너는 날아다닐 것이다
하늘 사람이 되기 전에 기초체험을 하는 존재가
땅 사람이다

교회는 그물이다

갈릴래아 물결이 그물을 만들고
어부들은 그물에 꽃을 묶어 걸어둔다
고기들이 그물과 함께 노래 부른다

한 때 금송아지로
또 바벨탑으로 흩어진 사람들이
이제 그물로 모인다
말씀의 끈으로 그물을 새로 만들면
낮은 강으로 낮은 호수로
그물은 편편해진다
사랑의 매듭이 새로운 매듭을 만나는
교회는 그물이다

마지막 영어 공부

I am a boy—You are a girl—영어 공부 첫 시간—1951년 중학교 1학년—영어를 가르치는 수녀의 목소리가 아른하다—지구는 둥글다—오대양 육대주라는 말을 배운다—그러면서 I am a boy는 I am a man이 되고—I am a gentle man—man—man—man—세월이 가르쳐준 잡다한 지식들—스스로 잘난 체 하늘 높이 오르다가—땅으로 곤두박질친다—자빠지더라도 늘 대문자로 걸어왔다—동양이 무엇인지 서양이 무엇인지—수풀이 무엇인지 사막이 무엇인지—나이 75에 도착한 곳—I am nothing—마지막 영어 공부는 i am nothing

다들 떠나가는 11월에

유서를 쓰고 싶다

허물이 저지른
온갖 허물을 용서해달라고
많은 은인들에게 감사드린다고
잠자리 물지게 옹기굴 미루나무에게
마실 앞 냇물에게 잊지 않겠다고
뒤뜰의 다람쥐에게
예쁜 식탁을 만들지 못해 미안하다고
숨이 빠져나간 껍질 위에 시집詩集을 덮어
마지막 뜨거운 번제를 올리고 싶다고
그리고, 하늘 어머니께
큰 죄인 저를 위하여 빌어주소서
일곱 번 기도해달라고

다들 떠나가는 11월에는
유서를 쓰고 싶다

성체대축일 미사에

손 위에 손을 펴면 새하얗게
침묵이 내려오신다
그리고 눈으로 먹는다
손으로 먹는다
입으로 먹는다
소리로 먹고 냄새로 먹는다
온 천지 하느님을 온몸으로 모신다

천상천하 하느님을 가득 채우고 바라보니
하느님이 나를 먹고 계신다
—이제껏 몰랐구나
—더 맛나게
—더 정갈하게 준비할걸

길바닥 건반

녹색 불이 켜지면
피아노 연주가 시작된다
횡단보도를 두드리며 하루의 문을 열면
거리에는 노래로 즐겁다
달리는 바퀴 소리
랩으로 들리는 사람들
연주는 가로수까지 껴안고 하늘을 향한다

도시의 아침기도는 소란스럽지만
어느 날은
눈물겹도록 뜨거워지기도 한다

성경가사 1_ 천지창조

옛날옛날 그옛날에 하느님이 말씀으로
우주만물 창조할때 사랑으로 만드셨네
첫째날에 하느님이 빛생겨라 말씀하자
환한빛은 낮이되고 어두움은 밤이됐네
둘째날은 물을갈라 하늘구름 펼치시고
땅의물길 만드시니 보시기에 좋았다네
셋째날은 물을모아 바다되고 땅이생겨
풀과나무 돋아나며 초록세상 아름답네
넷째날은 하느님이 해와달을 높이걸고
반짝이는 별을달아 사계절을 이끄시네
닷샛날은 산새들새 물고기를 만드시고
종류마다 복을내려 세상가득 채우셨네
엿새날은 하느님이 온갖짐승 만든다음
하느님의 모습으로 남자여자 지으셨네
이렛날은 쉬시면서 사랑으로 둘러보며
손수지은 모든창조 참좋구나 축복했네

하늘 사람

대기권이 하늘이라면
나는 하늘 사람이다
너도 하늘 사람이다 우리는
마당 가득 별을 그려야 하는데
하늘 물감을 옆에 두고도
금 두꺼비를 그리고
하이힐은 빨갛게 스포츠카는 노랗게 칠한다

오만 데 넘치는 사람의 쓰레기는
땅에서 바다에서 뛰어다니더니 이제는
하늘까지 범하고 있다
쓰레기는
천년 숙성시키면 별이 될 수 있을까

하늘 사람의 시름이
천지인天地人의 호흡 안에 잠긴다

대역풍大逆風

뿌리째 찢어진 나무가 일어서고
산으로 날아간 기왓장이 지붕으로 온다
소나무 위에 올라간 아기 모자가
엄마의 품으로 살포시 안긴다
두 차례 태풍이 지나간 다음
지중해에서 멀리
초대형 역풍이 찾아와 고을을 감싼다
그 역풍의 미소
그 역풍의 손길
먹먹한 마음
급히 야전병원으로 뛰어가
수술대에 누워
천막 틈으로 보이는 하늘을 보고싶다

11월의 하늘

저승의 혼령들을
하느님께서
가시관으로 긁으며 문지르시는지
이승에서 올라오는
기도문으로 빽빽 닦으시는지
천둥 번개로 치대신 다음
갈릴래아 호수에 헹구시는지
11월의 하늘이 어쩌면
저기 저렇도록 맑게
미소 지을까

엠마오

엠마오는 빵이다
엠마오는 말씀의 전례 길이며
함께 나누어 먹는 빵이다
평생 걷고 나누면서도
깊은 빵 맛을 모른다
뭐 조금 안다고
뭐 회전의자에 앉아보았다고
뭐 조금 배웠다고
고희에 올라서고 이제
희수喜壽의 하늘 길을 가면서도
빵 맛을 모른다

땅바닥의 미각은
금박을 입힌 사탕만 찾는다

마지막 문

공간에서
처음 만든 것이
벽이고 다음은 문이라면

맨발로 들어가는 문
모자를 벗어야 하는 문
쇠붙이를 내려놓아야 하는 문
알몸으로 들어가야 하는 문
삭발하고 머리 숙여야 하는 문
참회 눈물을 쏟는 문

처음 문은 몸을 입고
마지막 문은 몸을 벗고
나직이 여는 좁은 문이다

묵상 75

보이는 모든 것
그 안에
볼 수 없는 고향이 있다
바로
하느님이시다

말들이

내가 했던 말들이
설익어
껍질만 나가고 속 알갱이는
아직도 집 밖으로 나서지 않고
집에 있다
천장에 붙어있다
단어들이 가지런하게 붙어있다
이제 입 다물고 살라는
하늘의 뜻인 듯
조용하다

가루가 되어

마지막 숨결이 몸을 빠져나올 때
이어
곧바로 가루가 되고 싶다
물 가루
뼛가루
살점 가루
피톨 가루
그렇게 온 하늘을 날아다니며
한참 구경하고
맘껏 돌아다니며
천 년 전에 가루가 된 분도 만나보고
만 년 전 강아지도 만나보고
마지막 기도를 애읍哀泣한다

주님
부디 저의 죄를 용서해 주십시오
저와 함께 돌아가시어
제가 주님께 예배드리게 해 주십시오 (사무엘상 15:25)

가나다라 아베체데

2016.10. | 리북

가나다라

삶의 무게를 집어던지고 사각팔방
쏘다니던 나를
밤낮 달려오던 시간이
축구공 안에 꾸겨 넣어
코너킥 하려고 씩씩거린다

가나다라
편안한 순서들을 밀치고
차타자
나가자 사하라 바라마

모래바람 사이로 보이는 골대
그 위의 붉은 십자가는
기억이 나은을 업고 있는 듯
별처럼 가물거린다

층층바위

산을 오르다 층층 바위를 만났다
흘러간 시간이 층층으로 앉아 있는
그 바위가 나를 보더니
—삐딱한 층이 나보다 갑절이나 더 많구나
천 년 바위 만 년 바위가
백 년도 안 된 나에게 빙긋 웃는다

하산하다가 잠시
올해에는 병신 육갑 떨지 말아야지
우러러
야곱의 하늘을 향하여
머리를 조아린다

부활 이력서

자만自慢 항상 거만하게 스스로 자랑했습니다
자고自高 스스로 높이 여겼습니다
자만自滿 스스로 흡족洽足하게 여겼습니다
자학自虐 못난 자신을 스스로 학대하였습니다
자책自責 자신의 잘못을 스스로 꾸짖었습니다
자은自隱 스스로 감추고 숨기며 부끄러워했습니다
자침自沈 스스로 가라앉아 자포자기하였습니다

예수님께서
어둠의 골짜기를 죄다 지우신 다음
부활은 항상 현재이다
하시면서 번쩍이는 손으로
하늘 비자visa를 주신다

엄마의 기도

엄마가 어렸을 때
엄마의 엄마는
얼마나 깊은 숨결을
한 땀 한 땀 이어가며 모았을까
그러면서
바라보는 오월 하늘에는
하늘 엄마의 여린 가슴이
그윽한 기도를 여태껏 챙기신다

한글을 축복하소서

진동으로 소리를 만드신 하느님
엄마의 목젖을 바로 세우면서
한글을 배우는 아이를
아어오우
모음母音 으이를 강복하소서

자음子音은
아빠의 입술과 굳은 혀를 눅이어
가나다라 마바사 축복하소서

첫 말씀이시고
끝 말씀이신 하느님
초성 중성 종성 안에 매일
상큼한 꽃 내음을 채워
하늘로 땅으로 사람으로 흐르게 하소서

'가시나'가 욕이라고

초등학교 다닐 때
내 종아리는 엄마의 전유물이었다

'가시나' 하고 말하면 큰 욕이라고
천주님에게 죄를 짓는다고
벌건 회초리 그림을 그렸다
'개새끼' 또는 '이 자식'이라고 하면
그날은 방방 울고 엉엉엉 빌어야 했다
그런데 요즘 '가시나'들이 자주 보여
60년 동안 못했던 '가시나' 욕설이
천주님 앞에서도 저절로 튀어나온다
걱정이다

엄마의 어둑한 부엌 앞에
슬픈 회초리가
멀거니 나를 바라보고 있다

령시靈詩는 약이다

령시靈詩는
시인이 원하는 것을 보고
주문을 중얼거리며
하늘 옷을 입히는 것이 아니다

저녁이 되어 기도를 바치는 시인이
아침마다 경이로움을 살핀다
하느님의 한 가닥 빛살을 온몸으로 잡는 시詩
어쩌면
기적처럼 나타나는 시가 령시靈詩이다

혼魂에게는 탕약 한 사발이다
령시는

하느님과 악수를

눈 비비며 세면대 꼭지를 열자
쏴아아
수돗물을 두 손으로 받는 순간
하느님의 손길로 느껴 종일 먹먹했다
그 날 아침
하느님과 악수하였던 놀라움이
지금은
갈릴래아 호수 위를 걸어가는
꿈을 만지작거리고 있다

무無의 무게

조금 배워서 뭘 안다고
모가지가 탱탱했을 때 산새를 만났습니다
—나랑 함께 기도하자, 새야 새야

더운 바람 찬 바람으로 가다 가다가
허리가 구부러진 어느 날
무無의 무게를 느낄 때
바지랑대에서 묵상하는 잠자리를 만났습니다
—너의 기도 옆에, 내가 앉아도 되겠니

잠자리 날개를 흰 연필로 그리면서
묵묵 기도를 배웁니다
입정入靜을 수련합니다

하느님을 죽이고 있다

사람들이
하느님을 죽이고 있다

이천여 년 전
종교가 하느님을 죽이려고
모세 율법은 십자가를 높이 세웠다
천 년 흐르고 또 흘러
신은 죽었다고 선언하면서
쟁쟁하던 서양 철학이 하느님을 죽였다
요즈막에는 사람들이 하느님을
만능칩萬能chip 속 어두운 구석에 꽁꽁 가두어
전지전능을 손에 들고 다니며 낄낄거린다

사람들이
하느님을 죽이고 있다

죽는 척 하시는 하느님의 손을
잡아주는 사람도 안 보인다

나를, 내가 집어 던졌다

네 살 때
더듬거리듯 말을 못하는 나를
어머니가 보리밭에 던졌다고 한다
갑자기 놀라면 말문이 열린다는
어느 할마시 말을 듣고

이 삼십 대
혼자 잘난 척 모가지가 뻣뻣했을 때
내가 나를 집어 던졌다
보리밭 언덕 밑으로

얼이 어물거리기만 하여
나를 내던졌다
구지렁물에 쓰레기덤에 사막에

이제 건져서
우선 심장만 씻고 닦아
그늘에 말리고 싶다

나를, 내가 단죄한다

하느님을 죽인 사람이 한둘이 아니다
하느님에게 삿대질 하는 사람도 많을 뿐 아니라
하느님에게 욕하는 것을 예삿일로 여긴다
하느님께 등 돌린 사람이 수없이 많다
하느님을 섬기는 척하면서 돈만 쳐다본다
하느님께 영광 드린다면서 윗자리로 올라간다

남의 일로 여기고 싶다 정말
몽땅 나의 잘못이지만

속 깊숙이 올라오는 두려움으로
내가 나를 단죄한다

—저는 죄인입니다
—못할 짓을 하여 죄를 지었습니다

나를, 둘째 아들이라고 부른다면

나는 아버지 집에—돌아가지도 못한다—염치도 없고—
신발도 없어서—너덜너덜한 옷으로—굶어 죽는다면—아
버지에게 어찌 갈 수 있을까—그래도 가야 한다면—허기
져서 못 간다—기어 기어서 간다면—핏덩이가 길바닥에
떨어져—참회의 그림을 그릴 것이다—

집 나간 탕자는 얼마나 행복한가
이천년 동안 성경 안에서 절망하던
자신을 스스로 책망하던
그 둘째 아들이
나보다 얼마나 감동적인가
나보다 얼마나 진솔한가

나는, 어머니 생각으로

가끔 멍청이처럼
어머니의 흙길을 그윽이 본다
머리에 옹기를 이고 가는 여자를 보면
멈칫 선다
장터에서 옹기 팔던 어머니를
목을 쭈욱 올려 기다리던
노첨지* 고개를 눈물로
바라보고 또 눈물로 그려본다

* 노첨지는 어머니를 기다리던 어릴 적 마을 언덕이다.

나는 외로움 안에서

외로움 안에서 나는
외로움을 접었다 펴면서 살았다

나 홀로 숟가락을 들면 더 외로워지고
나 홀로 걸어가면 더 외로웠다
나 홀로 외로움을 데리고
외로움을 먹으면서 살아왔다

지금은
외로움의 터널을 걷고 있다
나 같은 외로움이
하느님을 만나게 되면
어떻게 인사를 올려야하나
생각해본다
곰곰이 생각해본다

나를 태워버린다

모닥불에
1955년 수강 노트를 태운다
'여자의 기분과 개구리가 뛰는 방향은 알 수 없다'
어느 대학 신문에서 읽은 글을
왜 꼼꼼 또박또박 적었을까

이승의 문을 닫을 때
내가 공부하면서 읽은 책 위에
나의 주검을 놓고
내가 적은 글자들을 주검 위에 얹어
화장火葬하면 좋으련만

신비신학 강의

모든 존재는—즉 돌멩이 낙엽 모래언덕 등등은—존재로서 이미 하느님께 찬미를 드리고—하느님의 영광을 드러내고 있다—사람이나 천사만이 하느님께 찬미를 드리는 것이 아니다—무생물도 존재로서—다른 존재와 조화를 이룸으로써—자기의 변화로써—하느님께 영광을 나타내고 있다—

지당한 말씀

그런데
벼락 맞은 바위도
강가의 썩은 나무토막도 하느님께 기도를 바친다
라고 한다면 더 산뜻하지 않을까

중생이라는 말

사전에서 말하는 중생衆生은
많은 사람
모든 살아 있는 무리
이지만
제가 좋아하는 중생은 만유萬有로
생각하고 싶습니다
—모든 존재는 생명체이다—
라고 진정 생각하기 때문입니다

아침마다 지구를 만지면서
제가
종알종알하면
지구도
중얼중얼합니다

끝 기다림

나이가 들어 정신이 부실하면
기다림이 줄어들고
기다림도 헐거워집니다
창창한 명절 모습도 희미해집니다
끝 나이에
끝 기다림은 죽음일까요

하느님의 빛살입니다
아늑한 빛살입니다

하느님의 헛기침

하느님께서 가끔은
울퉁불퉁한 천둥으로
직설直說 야단을 쾅쾅 치신다
땅을 뒤흔드신다
헛기침치고는 되게 우람스럽다

허공 예술인 벼락은
같은 모양이 한 번도 없는
불타는 곡선의 소묘素描이다
이 정도 작품이라면
헛기침도 매우 신비스럽게 보인다

요셉 성인 부르면

숨이 목에 걸릴 때—요셉 성인 부르면 천당 간다고—작년부터 요셉성인 부르는 횟수가 급증—열 배로 많아—어찌 된 일인지 요셉성인님이 몸소 세상에 내려오신다—전투기—기관총—자살 폭탄—미사일—바다 배가 뒤집히고—묻지마 총질—이 나라 저 나라 살피다가—어질어질—길에 쓰러지셨다—구급차로 병원 간다—응급실 의사에게—나는 하늘에서 잠시 내려온 요셉인데—그 말 듣고 고함친다—정신병자다—하물하물 주사 놓고—정신병원 보내라—

다시 구급차에 눕는다—운전기사 중얼중얼—세상 시끄러번데—정신병자도 마나지고—성한 사람 우예 살겠노—정신병원 독방에 철커덕—요셉성인님이 하룻밤 주무신다—새북에 성모님이 오셔서 천당으로 모셔간다—아침 출근 이사가 간밤의 환자 이름이 머꼬—요셉이랍니다—어디서 왔능고—하늘에서 왔다 캅디다—머라카노 크크—환자 꼬라지 좀 보자—쪼차오는 간호사—새북에 디기 이쁜 부인이 와가 덜꼬 갔답니다—요셉이 사라젓다카면 뻔하다—요셉성인님이 가시나 옷을 입고 와서 덜꼬 갔을끼다—디진거 우예 써만 대노—천당 갔다고 카문 대지예—니 머리조타—사망진단 종이 퍼떡 가아 온나—

하느님의 안경

시골 성당 울타리
샛노란 개나리꽃 안에서
하느님의 눈동자가 반짝하여
감탄, 이내 눈인사로 꾸벅거립니다

성당에 들어서니
화병의 목련꽃이 환하여 다가가 봅니다
허억
하느님이 안경 쓰고 계십니다
그새 시력이 떨어지셨나
만져보니 종이꽃입니다

세 번 그리고 세 번

하느님앞
에서삼만
번엎어져
도일어나라고사람들앞에서
삼천번넘어져도일어나라고
예수님께서는그윽한눈길로
나를바라
보며골고
타길에서
세번넘어
졌다가십
자가길에
서세번일
어나셨다

에덴동산에서

여자가 사과를 준다
그 열매는 안 된다고 하니까 방긋 웃으며
오른손으로 젖가슴을 만지고
왼손으로 사과를 준다
남자가 사과를 한입 먹고 여자에게 준다
사과의 진한 향과 상큼한 맛이 젖어들 때
하느님 걸음 소리가 들려 후다닥 숨는다
젖가슴이 하두 예뻐 그만 사과를 먹었는데
큰일이다 어떻게 변명할까

그날부터
남자는 젖가슴에 눌려 살아야 하고
여자는 온갖 노동의 땀을 두 손으로 닦아야 했다
그리고 그날 그 순간부터
에덴의 모든 짐승도 포악하게 변했다

하느님을 불러 봅니다

누구나
마음 한 모서리에
쉽게 열 수 없는
아픈 상자를 지니고 있습니다

깊은숨을 내쉬던 어느 날

하느님—
속으로도 안 들리는 목청으로
불러 봅니다

기도의 세 가지 의미

하느님을 향하여
마음을 높이면서 하느님과 대화를
기도라고 교리책에 적혀 있습니다

시인들은
미루나무 나이테를 관통하여
미루나무는 시인의 심장을 뚫어
하느님을 그윽이
바라보는 일을 기도로 여깁니다

신심이 깊은 수도자는
기도는 우리 영혼의 호흡이며
기도는 발딱거리는 맥박이다, 라고 설명합니다

이번 가을에는

헤어지는 일도
아끼는 마음으로 보기 위해
많은 이별을 찾아보자

함께 지내다가
갈라서는 조용한 모습도
아름답다는 진실로 받아들이자

이별도 사랑임을
낙엽을 만지면서 배우자
하느님을 느끼면서 배우자

오징어와 소주

천주교인을 박해하던 때에
프랑스 사제들이
상복喪服에 삿갓을 쓰고 다녔다고
철판에 그림까지 그려가며
열강 거품을 닦는데
뒤에서 킥킥거리는 소리가 들렸다

—신부님 그림이 오징어 같아요
—소주 두어 병 사 올까요

그날 밤
한국천주교회 역사 공부는
소주로 마무리하면서
커어 박수 크으 노래까지 불렀다

해발 9천 미터

몽골 초원에서 인도로 날아가는
쇠재두루미는
히말라야의 냉기류를 뚫어야 한다

천사들이 만든 동영상인 듯
해발 9천 미터에서
두 날개로 끊임없이 기도하며
삼각 화살표를 그린다
그때 쇠재두루미들의 심장 박동은
성당 종소리처럼 태산을 어루만지면서
고풍高風으로 찬미의 합창을 부르고 있다

황토 흙바닥

만나면서로
싸우는거만
함이지나가
던겸손을후
려치며발길
로목덜미를
짓누른다황
토흙바닥이
쓰러진겸손을보듬어준다그리고허리는매번굽히더라도
넘어지는일은안된다고한라산과태백산을맨발에신겨준다

빛살기도

우예 우예 우짜다가
저 같은 대죄인이
쪼그만 귀퉁이 별이 된다면
빛살기도로
하느님의 창문을
매일 닦아드리고 싶습니다

가로등

숨을 멈춘 어머니
누워서 큰 차를 타고 가신다
자식들은 고개 숙이고 묘지로 향한다
가을바람 안으면서 핏기없는 풀잎들이
하직 인사로 손을 흔든다
흙집에는 온돌이 없으니 얼마나 추우실꼬
어머니께 가끔 들려달라고 산새에게 청한다

텅 빈 집으로
돌아오는 어둑한 길
가로등도 고개 숙여 서 있다
어머니를 흙집에 모셔드린 날

속俗과 성聖

속俗이
성聖의 긴 옷을 입고 가다가
속俗의 자루 옷을 걸친 성聖을 만나
쥐포 안주와 소주를 커어 쩝쩝 비운다
시비 곡절을 따지면서
서로
진짜 성聖이라고
웃통까지 벗어 던진다
성과 속을 하나로 여기는 시인이
지나가며 한 마디 던진다

—덜 익으면 땡감이고 익으면 연감이다
—익으면 함께 먹지만 땡감은 쳐다 보지도 않는다

핸들 기도

앞 버스는
예수님과 사도들이 사마리아로 가시고
옆의 승용차는
성모님께서 예루살렘에 가시는데
뒤에 오는 차들은
예수님과 성모님의 도시락을 싣고
천사들이 운전한다고 합니다

하느님
조심조심 운전하겠습니다
저희 핸들을 지켜주소서
아멘

순교의 나래를

하느님께서
아담을 만드실 때 성장하면서 죽고
다른 차원에서 또 성장하다가 허물 벗고
마지막에 천사가 되도록 빚으신다
영혼의 나래를 차곡차곡
깊이 접어 숨긴 채
사람을 세상에 내보내신다
그 중에
단번으로 천사가 되는 길
붉은 나래를 펴서 오르는 길
순교의 나래를
가장 아름답게 만드신다

싱글single

친구들과
시골 다방에 들어섰다
—커피 석 잔 그리고
—과부 한 접시
아가씨가 몸을 비틀고
과부라니, 팩 돌아서 가며
중얼거린다
싱글single도 모르는 영감들이
아직도 많은가 봐

물수제비 기도

화살기도가 더 좋다
쪽지도 보내고 화약 냄새도 없으니까
아니라면, 빛살기도가 더 좋다
사랑 빛줄기이니까

따질 일이 아닌 듯
별이 보이면 빛살기도를
새들이 노래하면 화살기도를
그리고
그분이 좋아하신다면
물수제비 기도를 멀리 올리자

우주 가득한 성체성사

아기는 엄마를 먹는다
엄마의 손맛을
엄마 마음을 느끼는 세월이
노구老軀가 되면
엄마를 되새김질한다

고개 들어 하늘을 보니
사람은 줄곧 어머니하느님을 먹고
어머니하느님은 사람을 연신 곱먹는다
하느님은 먹이사슬의 시종始終이며
우주는 하느님의 먹이그물임을 깨닫는 순간
하늘 높이 은하銀河 빵이 흘러간다

더 새로운 세상

2월 9일 오후 어느 텔레비전에서
안토닌 드보르자크
'신세계로부터' 교향곡을 본다
지휘봉 밑에서 바이올린의 끊어진 현
한 가닥이
하얗게 손짓을 한다
더 새로운 세상을 얼마나 갈망하는지
가녀린 현string 弦이 지휘봉을 잡으려고 한다

어두운 한반도의 온갖 고통 선線들이
밝은 날을
맑은 노래를 얼마나 갈구하는지
텔레비전에서 보이는 한 가닥 현이
하느님 마음을 부르고 있다

마음의 눈을

사람의 마음을 통째 가지려고
주님께서는
론지노의 창날을 받으십니다
곧이어
가슴으로
마음의 눈을 뜨시면서
마지막 핏방울까지
보여 주십니다

순례자의 기도 1

하느님에게 나아가는 길에는
하느님이 가득
성모님 모시고 걷는 길에는
하늘 사랑 땅 사랑 가득
사도들 성인성녀들 기리는 길에는
물 바람 흙 가득
순교자들 증거자들 기리는 길에는
흙 나무 불 가득

누구나 걸어야하는 시간여행도
저희에게는 주님을 향한 순례길입니다

초침의 속도와 함께
주님을 부르고
분침의 흐름 안에서
겸손을 실천하며
시침의 걸음으로 시간 공간 행위를
성찰 참회하도록 이끄소서
아멘

순례자의 기도 2

시나이산의 하느님
백두산 산령山嶺과 백록담의 하느님

소금바다와 예루살렘의 하느님
백두대간 소나무의 하느님

로마와 산티아고의 하느님
한티 새남터 신나무골의 하느님

과달루페 루르드 파티마의
하느님
과달루페 루르드 파티마의
성모님

저희들의 순례길을
항상 보호하시면서 인도하소서
아멘

새하얀 부메랑

오늘 아침에도 하느님은 연신
새하얀 부메랑을 던지신다 멀리
깜깜 우주 허공으로
어느 것은 별이 되어 돌아오고
어느 것은 벌건 상처를 안고 날아온다
장미 넝쿨로 돌아오는 부메랑
노래가 되거나 시詩로 변하는 부메랑
심하게 다쳐 허리가 간당거리는 부메랑
오로라를 환하게 입은 부메랑

너 나 그
우리 모두
하늘을 떠나던 그때는
새하얀 부메랑이었다

옹기성당

2017.11. | 하양인

이 순간의 하느님

어제 저는 하느님과 목욕을 했습니다
그런데 오늘도 금세 바짝 오셔서
그림을 함께 그린 다음 수박을 먹었습니다
시원하다 커어 하시며 쩝쩝 드셨습니다
내일도 오시겠냐고 여쭈어 보니
하느님 얼굴에 환한 빛이 가득합니다

침대에서 일기를 적었습니다
'저의 하느님=지금 이 순간의 하느님'
옆에서 보시던 하느님께서
일기 밑에 사인을 하셨습니다
'바로지금바로여기'

마흔 낮과 마흔 밤

마흔 낮밤, 바람은 북에서 어느 산으로 뛰어가는가
마흔 낮밤, 강물은 남에서 어느 고을로 흘러가는가
마흔 낮밤, 새들은 서에서 어느 길로 날아가는가
마흔 낮밤, 사람은 동에서 어느 마을로 걸어가는가

걷다가 넘어지고
달리다가 부서지고 그러면서
하느님의 어린 양을 만납니다
그리고 십자가로 우뚝 섭니다
우리 모두
새하얀 부활을 꿈꾸며 핏빛으로 일어납니다

개선문이 안 보입니다

아무도 탄 적이 없는 나귀 한 마리가
하늘을 모시고 다윗 도성으로 입성합니다
구원이신 메시아 행차에
함성은 예루살렘을 뒤흔들고
열광하는 겉옷들의 양탄자 위로
종려나무 가지가 춤을 춥니다

그런데 마태오도 루카도 쓰지 않았습니다
찬연한 개선문을
마르코도 요한도 말하지 않았습니다

복음사가들이 미처 기록하지 못한
개선문은
승리의 영원한 깃발은 지금
어디서 휘날리고 있는지
묵상기도로 찾아야 하겠습니다

야곱의 하느님

걸핏하면 검지로 하늘 찌르며
꺽꺽 참으라고 합니다
괴로움 위에 외로움을 덧칠하면서
이제는 더 살기 싫다는 데도
저 멀리 구천九天을 올려보라고 합니다

코앞에 하늘을 먹으면서
빤하게 보이는 연줄을 잡고 있는데도
어찌 그리 멀리 보아야 하는지

밤을 지새우는 씨름으로
하느님을 끝내 이긴
야곱에게 뛰어가 한 수 배워야겠습니다

묵주알이 되어

수도자의 허리를 꽁꽁 묶은 띠
부드러운 띠가 나에게 오더니
내 허리를 칭칭 감습니다, 하늘색 띠가
줄줄이 소년을 다음은 할머니를 잇습니다

Ave Maria—Ave Maria

우리 하나하나 묵주알이 되어
다섯 꽃다발 은은한 향기로
고통의 길, 영광의 빛 계단을 오릅니다

Ave Ave Maria—Ave Ave Maria

줄지어 날아가는 기러기가 되어, 그러다가
우리 모두 날개를 가진 묵주알이 되어
하늘 높이 귀향길에 오릅니다

Ave Ave Ave Maria—Ave Ave Ave Maria

엑소두스 꼬레아나EXODUS COREANA

메마른 사막에 서 있는 우리는
지팡이 대신 촛불을 들고 있다
촛불이 모여 모여 불기둥을 세우지만
열 번째 재앙에도 독재자는 무지 불능이다
고금동서 독재자의 끝을 빤히 바라보면서도
패군과 간신들은 하늘 두려운 줄 모른다

2017년 엑소두스* 현장에
우리는 모두 모세이다 그리고
모든 촛불은 평화를 부르는 나팔이다
더러워진 산하에 다시는 독버섯 돋지 않도록
불기둥을 높이 올린다면
아이들에게 흰 날개가 돋아나는 걸 보리라
혼魂을 흔드는 북소리, 엑소두스 꼬레아나

* 엑소두스EXODUS는 구약성경 탈출기의 라틴어 표기이다.
개인이나 국가는 스스로 더 나은 모습이 되기 위해 현재의 상황에서
자주 탈출해야 함을 생각해 보자.

백 년 후 그 다음

천 년을 곧추세운 수직의 성직자들이
루터의 고함 소리에 잠시 멈칫하더니
프랑스와 스페인의 반성직자주의 칼을 받고도 아직
오만의 끄나풀을 느긋이 붙잡고 있습니다
백 년 후, 그 후에는 평신도들이
자연스레 탈성직자주의를 만나리라는 예감,
진솔한 신자들이 장르별로 모여 하느님을 모시는데
미사를 위한 사제는 필요에 따라 잠깐 초청될 뿐
교시적 강론을 생략하는 미사로
만족하리라 여깁니다

하느님은
오만함을 한 점 한 순간도 기뻐하지 않지만
장르별로 모이는 믿음의 겸손에게는
기꺼이 함께 기뻐하시리라 믿기 때문입니다

타우 십자가Tau Cross

하늘 어머니께서
타우* 십자가를 들고
한반도의 오월을 득득 긁으십니다
긁은 땀으로 호미질하십니다

오월의 새들은 짝지어 노래하지만
오월의 나들이가 즐겁지만
오월의 꽃다발이 분주하지만
마음 밭에는 거짓과 아픔이 가득합니다

오월이, 여름 가을로 이어지는 동안
타우 십자가는
하늘 어머니 손에서 파아란 깃발로
고운 빛을 보여주리라 여깁니다

* 타우T는 십자가를 표시하는 히브리어 알파벳의 22번째 글자 즉 마지막 문자이다. 타우의 성서적 의미는 '하느님의 것'이라는 뜻을 가지고 있다.

주님 봉헌 축일은

은혜로운 봉헌은
한 탈렌트를 받은 종처럼
땅에 숨겨 두었다가
주인님에게 도로 드리는 것이 아니라면,

주인님이 주신 손으로 쓰러진 사람의 손을 잡는 일
주인님이 주신 눈동자로 아픈 눈물을 닦아드리는 일
주인님이 주신 발로 걸어가 외로움을 부둥켜안는 일
주인님이 주신 입으로 노래 불러 절망에게 희망을 드리는 일
주인님이 주신 가슴으로 죄인을 위하여 기도 바치는 일

봉헌 축일은, 주인님이 주신 영혼과 육체를
도로 그냥 드리지 않고
심지에 불붙여
빛 향기로 바치는 날입니다

수평의 편안함

몇 해 전—스님과 차 한 잔하면서—저는 나무를 베어야 할 때—바른 손으로 둥치를 어루만지며—나무에게 미안함을 말한 다음—하늘 바라보고 중얼중얼 기도합니다—그러자 스님은 편안한 미소로 응답합니다—저는 베는 나무와 안 베는 나무를 끈으로 이어—생기生氣를 고이 건네주라고 축원합니다—그렇군요 아주 멋있다는 생각이 듭니다—무선으로 전해도 되는데—유선으로 생기를 확실하게 이동시키는 묘한 방법이라고 말하였고—그날 차 맛은—한여름 소나무 그늘 분위기였다는 기억으로 남아 있습니다—

생명에 대한 이야기는 끝이 없다는 말이 있는데
그만큼 막중막심한 일이기 때문입니다
수평적인 의식을 느끼도록 이끄는
편안한 스님을 또 한 번 보았습니다

하늘빛 추억

한참 신명나게 강의하는데—몇몇 학생이 수군거린다—뚝 멈추고 창 너머 하늘을 바라본다—쉿—조용—교수님이 야단치시려나—하고 긴장하는 그 순간—칠판에 '하늘'을 크게 적는다—하늘이라고 하면 생각나는 것을 말해보세요—희망 멀다 그리움 잠자리 고향 구름 비행기 하느님 엄마 기다림 눈물 할머니 기도 등등등—칠판 가득하게 적는다—앞에 앉은 한 여학생이 노트에 열심히 베끼는데—궁금하여 이유를 묻는다—백 개 넘는 단어를 잘 이으면 시가 될 것 같아요—멋있고 놀라운 생각입니다라고 그 여학생을 칭찬해 주었던—오래 전의 생생한 추억—

그 때 그 여학생에게 하늘빛 시인이 되라고
우리 모두 큰 박수로 격려하자는 말을 왜 못하였던고
깊은 자책으로 십자고상을 바라봅니다
만약 성당에서 강연할 때 '성호경'이란 말에
무슨 생각이 나는지
여쭈어 보면 '밥상'단어가 밥풀처럼 툭툭 튀어나오겠지요

그 여학생이 지금 시를 쓰고 있다면 얼마나 놀라울까
그 기억이 아련한 아픔으로 다가옵니다

하늘이

하늘이
하늘로 날기 위해 숨을 고르면서
꼬리 흔드는 것도 멈추고
날개를 찬찬이 펴고 있다
하늘마마께 기도해야지,
조용히 일러주니까
눈을 뜨지 못하고
마지막 남은 호흡으로 기도한다
그리고 얼굴을 하늘로 향하고
숨을 멈추었다
내 가슴 안에 강강강 짖는
소리만 남기고 하늘로 갔다

노안의 비밀

예고도 없이 잡티처럼 나타난
노안老眼이
하느님의 서찰을 가지고 왔습니다
노안은 영안靈眼의 열쇠라는 통지서,
성호를 긋고 찬찬히 펴 보았습니다

—오늘부터
—안 보이는 것을 꿰뚫어 보면서
—자주 하늘 미소를 지어라

역진逆進

이제 이 땅에서 이 이상—살기 어려워—나는 역진逆進을 붙잡는다—옹기가마—탱크 군사혁명 독재 총살—38선 동족상잔—일본 포악무도 압제—명장 이순신—민족의 혼을 일으켜 세운 세종대왕의 훈민정음—고려—삼국시대—아으, 그 넓은 고구려 벌판—시나이 산의 천둥 번개—고조선—야곱과 아브라함—바벨탑—노아의 방주—걸어 걸어 에덴동산 대문—알몸 입장—팻말 밑에 쓰러진다—

천사가 옷을 몽땅 벗으라고 한다
벗고 또 벗어도 옷이 겹겹으로 벗겨진다
그 다음에는
한 줌의 흙이 될 때까지 물기를 빼라 한다
참회의 눈물로 버려야 한다는데

나는지푸라기처럼 흙바닥에 누워
깡마른 눈꺼풀로 하느님을 어렴풋이 바라본다
마지막 눈물방울이 흙먼지로 흩어질 때에

산에서

건강으로 등산하는 사람에게는
산에서도 산이 안 보입니다

나무와 함께
바위와 함께
사랑으로 사는 사람은
나무와 함께 나이테를 그립니다
빛의 흐름 안에서
나무들의 이야기를 듣습니다

11월 상큼한 날, 처음 산에서
하느님이 보내 주신 천사인 듯
시간과 공간이 손 잡고
걸어가고 있음을 봅니다

키를 낮추는 사순시기

일순에
키를 높이며 세상을 배우고 익힌다면
이순에
삶의 길을 스스로 찾아 깨닫는다
삼순에
보이지 않는 신비를 만져보다가
사순에
키를 낮추며
하늘과 땅을 잇는 십자가를 부둥켜안는다

사순시기는 일 년 내내
사순시기는 한평생 내내
하느님에게 다가가는 길이라면

옹기집 이야기

아버지는 옹기 일을 잠시 멈추고
공소 교우들과 주일 첨례를 바칩니다
시뻘겋게 옹기를 구우면서
봄 가을 판공 때 독일 신부님을 모십니다

어머니가 생각나면
장갓 나부람 모산 작촌 등 동네 길도 보입니다
옹기 파는 장날
언덕에서 엄마를 기다리던 동생 분도는
멀리 엄마 머리 봇짐이 오르내리 보이면
나보다 먼저 달려갑니다

옹기그릇 형제 남매가 흩어진 다음에는
아버지의 만과 소리도 안 들리고
조과 바치라는 엄마의 말도 못 듣습니다
요즘 어쩌다 옹기점을 지나게 되면
집에 가서 공과로 신공해야겠다고
뜨거운 목줄기를 연신 흔들며 걸어갑니다
어머니와 옹기 그림자가 앞서 걷고 있습니다

항아리 벽

옹기성당의 벽은—항아리를 옆으로 쌓아 만들면—신자들이 보는 성경과 성가책을 넣어 두고—큰 독도 중간중간 박아—큰 물건을 두는 곳으로—그리고 미사중에 잠자는 아기를 눕히는 아늑한 항아리 요람으로—작은 항아리에는 번호를 붙여—미사 수건 우산이나 양산 손가방 등등 어떨까요—항아리 벽은 매우 두꺼워—바깥쪽으로는 시멘트를 들쭉날쭉 멋있게—안쪽으로는 황토로 벽을 문지르면—성당 분위기도 한결 좋으리라 여깁니다—벽이 온통 구멍으로 가득 차—울리지 않는 음향으로—말쑥한 소리로 하느님을 찬미할 수 있다는 생각이 듭니다—

옹기 전문가에게 특별 주문으로
스피커 울림통을 제작한다면, 그리고
입이 아주 넓은 독 안에 설치하여
성당에서 계절마다
클래식 음악의 하느님도 만날 수 있다면
얼마나 좋을까 생각해 봅니다

옹기성당 봉헌 미사는

옹기성당 세워 봉헌 미사를 올리면
뜨거운 옹기 가마 안에서
뿌옇게 익은 잿물이 흘러내리겠지

가장 신나는 일은
옹기를 짓던 수많은 령들이 몰려와
옹기종기 놀라운 합창을 하리라
무슨 노래가 좋을까 다투면서

옹기의 하느님께
옹기의 마리아님에게
옹기성당을 바치는 기쁨으로
미사 후
뚝배기 막걸리를 넘기면
목 안에 크~커~캬 울림이 가득하리라

옹기 제단

큼직한 독 셋을 다리로 놓고
그 위에
둥글고 큰 나무 그러니까
옹기 물레를 아주 크게 만들어 얹습니다
미사 집전도 편하지만, 공동미사 때는
사제들이 둥그렇게 둘러서서
장엄하게 거행할 수 있습니다

거양성체 때는
항아리, 독, 뚝배기를 울려
다양한 그릇의 화음을 보여주면
지나가는 새들도 날아들어
합창하리라는 상상도 펼쳐 봅니다

령시인이 만든 전설

요한의 지극 정성으로—매일 묵묵 기도로 사시는 어머니—성모 마리아님—저녁 침상에서는 꼭 아들의 가시관을 껴안고 주무신다—아들의 머리를 찔렀던 가시가—이제 어머니 가슴을 누르고 있다—어린 아들을 키우시던 그때 모습으로—가시관을 매만지시며—시편으로 하느님을 찬미하신다—갈수록 가시관은 어머니 가슴을 찌르며—조금씩 밤마다 조금씩 파고 들어간다—임종하신 다음—가슴에서 가시관을 빼낼 수 없어—요한은 눈물 뚝뚝 어머니의 발을 곱게 닦는다—사흘 후—어머니는 가시관을 품은 채 하늘로 올라가신다—이제는 하늘어머니가 되신다—

아들 예수님께서
어머니 가슴에 박힌 가시관을 보시더니
하 맑은 빛살로 새롭게 꾸미시어
어머니 머리에 올리신다, 그 순간
천사들의 합창이 은하수를 감싸며 흐른다

잠언시 17

믿음으로 살아가는 우리가
이승을 떠나는 그 날
그때 가서야 가까스로
하느님의 손을 번쩍 잡으려고
매일같이 기도하는 것일까요

이 순간 여기서 맨날
하느님의 체온을 나누기 위해
이 세상 너머로 함께 걸어가기 위해
하느님과 호흡을 맞추기 위해
구원의 손을 꼬옥 잡는 기도를
지금 부지런히 반복하는 것일까요

어느 천주학쟁이

포도대장이, 천주학쟁이들 다 처리했는지 묻자
—마지막 놈 지금 막 끝냈습니다
애썼다 하며 돌아서는데
—마지막은 참 대단한 놈이었습니다
형장을 확인하던 포도대장은 입을 딱 벌린다
—천주님, 천주님, 하며 고함 지르고 발버둥치면서
흥건한 피로 십+ 자를 그렸다는 말을 듣는다
번쩍 하늘을 올려 보더니
이내 고개를 숙인 포도대장은
두려운 얼굴로 돌아간다

온몸, 온 넋으로 그리는
십자가 작품은
가장 놀라운 하늘 예술이려니

가을 하늘같이

가시는 곳마다 빛으로 계시니까
계시는 곳마다 들숨날숨으로 보이니까

하느님에게는 옷이 없습니다, 그런데
옷을 중요하게 여기는 사람에게는
흰 두루마기를 입고 오십니다
그는 옷자락에 이름을 적어 출석을 고합니다

가을 하늘같이
하느님을 만나는 사람이 있다면
드물게 만나는 그 사람 모습에서
부드러운 바람을 느낍니다
가끔은 빛줄기를 봅니다

2017년의 일본인들에게

여러분의 할아버지가
조선 땅을 총칼로 무작정 찌르며
반항하는 사람은 바로 죽였다고 하는데
? 손자로서, 지금 생각하니 자랑스러운가요

여러분의 할아버지가
조선의 곡식 쇠붙이 피복 숟가락까지
깡그리 강탈하여 전쟁하였는데
? 손자로서, 지금 생각하니 자랑스러운가요

여러분의 할아버지가
조선의 어린 처녀들을 강제로 끌고 가
전쟁터 위안부로 밤낮 능욕시켰는데
? 손자로서, 지금 생각하니 자랑스러운가요

여러분의 할아버지가
부처님께 합장하고 하느님께 절하던 사람들을
허리 꺾어 왜왕에게 절하라고 칼을 휘둘렀는데
? 손자로서, 지금 생각하니 자랑스러운가요

여러분의 할아버지가
언어 민속 제도 역사를 저급으로 바꾸면서
일본을 섬기라고 지랄발광했는데
? 손자로서, 지금 생각하니 자랑스러운가요

여러분의 할아버지가
30년 넘게 반인륜 범죄를 저질러 댔는데도
참회는커녕 무어든 억탈하려고 바둥거리는데
? 그 할아버지 그 손자로서, 지금 기분이 좋은가요

스승이신 겸손은

스승이신 물길은 잠잠히 흙바닥을 걸어가고
스승이신 물살은 항상 머리를 숙입니다
스승이신 물결은 잔챙이와 노닐면서
스승이신 물줄기는 흘러흘러 허허바다가 됩니다

아릿한 물안개는 허밍으로 공허空虛를 매만집니다

스승이신 물보라는 하늘로 사뿐 날아오르고 또
스승이신 물가루가 바람과 어우러져 영글면
스승이신 물방울은 더 맑은 겸손으로 내려오십니다

어느 령시인의 생각

스콜라철학 대가의 단언
! 전능하신 하느님도 모순을 범할 수는 없다
—모순을 만들 수도 있고, 모순을 좋게 이용하십니다
교리신학 박사의 확언
! 전선하신 하느님은 죄와 동석할 수 없다
—죄를 손으로 만져야만 죄를 씻어 주실 수 있습니다

두 학자가 령시인靈詩人을 주교에게 끌고 가서
즉각 파문을 요청하자, 변론 끝에
마지막으로 묻는다
? 하느님이 도저히 할 수 없는 일이 무어냐
높다란 지팡이가 카랑카랑 내리 묻자, 또랑또랑 대답합니다
—하느님께서는 당신의 솟구치는 사랑을
—반의 반, 그 반반 순간도 억제하지 못하십니다

옹기집 추억

쌓아놓은 옹기그릇에 빗물이 가득한 날,
호박잎을 잎자루까지 네다섯 잘라
속이 빈 잎자루를 파이프 연결하듯 잇습니다
잎자루 끝을 위 그릇에 넣어 빨아 내리면
꾸불꾸불 시원스레 물이 쭈욱
땅바닥 그릇에 내려 앉습니다

맨 위 그릇에서
목욕하던 구름이 어느새
아래 그릇 안으로 내려와 웃고 있습니다
하느님도 연신 신나게 물장난하십니다

순교 전야

마지막 침상은
흙바닥 그리고 지푸라기였다

감옥문의 격자 안에서
큰 십자가를 찾아 만과를
이어서 묵주신공을 바치니까
달빛이 '아멘 아멘' 보얗게 응답한다
하늘 열정으로 호흡을 나누듯
'예수 마리아'
'예수 마리아 요셉'
저절로 솟구치는 화살기도가
순교와 순교를 포개어 은하수까지 이어진다

순교자들의 마지막 밤은
그렇게 청정하였고
그렇게 그윽이 숭엄하였다

신나무골에서

별을 한참 바라보는 밤에는
순교자들의 기도 소리가 들립니다

신나무골에서
별빛 따라 산 넘고 개울 건너고
또 산을 오르며
더 높은 산 한티로 이어지는 기도 소리

—성총을 가득히 입으신 마리아여
—네게 하례하나이다

묵주알을 매만지며 별 길을 걷는
단테의 신곡을 들은 바 없는 순교자들은
지옥과 연옥을 거쳐
예수님이 계시는 천국으로 걸어갑니다
별이 가득한 한티에서
별들의 하늘 어머니 품으로 갑니다

순교자들 기도 소리는 지금도
신나무골에서 한티로 가는
길섶 나무 사이로
아른아른 들립니다

절두산은 기도 중이다

—엄마 엄마
응, 겁나면 예수 마리아 불러
—엄마랑 있으면 겁 안 나
그래 이제 곧 하늘나라로 갈 거야
—예수님 만나러
성모님도 만나고 천사들도 만나

꼭 껴안은 모녀에게 칼날이 번쩍하자
절벽으로 떨어지는 외마디 기도
'예수 마리아'는 불꽃으로 변한다
바로 그 순간
아이 어깨에 흰 날개가 팔락거리면서
엄마의 큰 날개를 잡고 하늘로 날아오른다
강물이 피를 껴안고 예수 마리아를 부르며
물결 따라 새들은 하늘을 노래한다
피 내음으로 묵상하는 절두산은
지금도 묵묵 기도 중이다

우아 하느님

아 —하느님, 아침 햇살처럼 비추어 주시고
어 —하느님, 어물거리는 저희를 다그쳐 주소서
오 —하느님, 오늘 겸손과 기도로 저희를 이끄시면서
우 —하느님, 우리나라를 우렁차게 축복하소서
으 —하느님, 으스름 저녁을 평화로이 감싸 주시며
이 —하느님, 이제껏 쌓아온 믿음을 더욱 키워 주소서

우아우아 하느님
와인 높이 영광 찬미 올립니다

하중상下中上

5000cc는 날아다니면서
돈놀이 선거놀이 물놀이
밤놀이 떡판놀이 가면놀이를 즐깁니다

그 아래 동네는
돼지새끼 손잡고 꿀꿀
흙길을 걸어가는
800cc 바퀴가 보입니다

흑백 논리도 아니고 상하 구분도 아닌데
저 멀리
소달구지에 앉아 계시는
하느님은
성경을 거꾸로 들고 계십니다

오월 첫날

이천 년 전
이미
사람을 위하여 빵이 되겠다는 아들을
잡티 하나 안 보이는 빵으로
곱게 닦고
문지르며 또 닦으시는 나자렛 어머니

오늘도
하늘 높은 집을 마다하며
흙바닥에 주저앉아서
때 묻은 마음들을 마냥 치대시는
그 어머니에게 큰절 엎디어 올립니다
오월 첫 날, 허물 많은 허물들이
오월 첫 새벽에
잡티 가득한 죄인들이
큰절 올립니다

묵주알에서

지하철에는 여러 묵주가 있습니다
초록 묵주
붉은 묵주
푸른색 묵주
기쁨 영광 아픔 빛살 가방을 들고
사람들은
묵주알에서 부산하게 내리고
또 다급하게 올라탑니다

10월의 지하철에서 묵주기도를 바치면
땅 밑 어둠에서도
하늘 어머니의 하늘 손을
환하게 잡을 수 있습니다

머지않아

남자들이 가슴을 E컵 혹 G컵으로 키워
젖통 흔들며 노래를 하거나
할마시들과 야자 타임을 즐기는 때가 온다면—
'너 7시간 동안 뭐 했니'라는 인형극이
인기 상승으로 국제적인 큰 수입이 된다면—
서울서 오전에 교회 발전 회의를 마치고
점심 먹으러 호놀룰루에 간다면—

머지않아
이러한 일이 세월 따라 나타날 그때

그 때서야 간절하게 하느님을 찾는다면—
그 때 가서 조상들에게 부끄럽게 여긴다면—
그 때부터 아린 가슴을 쥐어뜯는다면—

잠언시 4

국어사전에
'무신론자'라는 단어가 보이지만
속내까지 무신론자는 이 땅에 없습니다
저 땅에도 없습니다, 그들은
자기 수첩 밖으로 신神을 내친 다음
나의 말씀은 곧 신神의 말씀이니라
나는 무엇이든 내 욕심대로 하리라
하며, 만능을 퍽퍽 씹으면서 무신론을 말합니다
엉뚱하게도
비스무리하게도
교회 안에 무신론자들이 더러 보입니다
가끔 한 다발로
니나노 감돌아 흐를 때는 벙벙합니다

나무젓가락

나무젓가락으로
깍두기 보시기를 눌러 가까이 당기니까
—감히 오짓물도 모르면서—
그 날부터 나는
종지를 옮길 때도 손으로 고이 잡습니다

천심天心 안에서
우주 만상이 질서와 조화를 이루는데
—컴컴한 내가 감히 시를 짓다니—
종일 나무젓가락 들고 다니면서 머리를 긁었습니다
그러다가 작고 하얀 돌을 집어보다가
모래 위에
'하느님 마음' 글자를 써
잠잠히 봅니다

안과 밖

? 밖과 안은 왜 맞볼 수 없습니까
—다행히도 유리병은 서로 봅니다
? 천주교회도 안팎이 있는지요
—딱하게도 담벼락이 높습니다
? 그러면 교회 안에는 누가 있는데요
—글쎄, 글쎄요
? 하느님에게도 안팎이 있습니까
—응당 없습니다
? 왜 없나요
! 사랑이 넘치면 경계가 사라집니다

이 시대의 기도는

온갖 흉물들의 나발에 짓눌려
쓰러진 군생群生들이
하늘에게 합장합니다
열 개 발가락을 곧추세워
손가락 마디마디로 바쳐야 하는
이 시대의 기도는

하느님의 아픈 눈물을
눈으로 입으로 볼살로 가슴으로
고이고이 닦아 드려야 하는
통곡의 벽입니다
대성통곡의 절벽입니다

덧거리 글

덧거리 글 – 하나

옹기집둘째아들

아버지는 옹기를 만들고
어머니는 옹기를 팔았던 시골 옹기집에서
일곱 남매가 종지처럼 옹기종기
단지 항아리로 그 다음 큰 독으로 성장했습니다

구교우 집안의 박마지아 아버지는
구교우 집 박누실라를 만나 밤낮
천주경과 성모경 종도신경 영광경을 외워가며
옹기짓는 일로 공소 회장 일과 가정을 꾸렸습니다

아버지는 옹기를 지어 집안을 돌보았는데
둘째 아들은 시를 지으면서 어리버리 살고 있습니다
시에 미친 아들을 내려다보는 아버지의 마음 걱정 가득
시에 푹 빠져있는 아들을 보는 어머니는 눈물 뚝뚝

기다란 옹기굴에서 뜨거운 불덩이로 그릇을 굽듯이
열기를 모아 시를 짓고 시를 굽는 일에 십 년,
이 정도라면 될 듯 하다는 생각보다
아직도 출발점에 서 있다는 느낌이 듭니다
여러 걸음 나아갔다는 생각이 들어 앞뒤 살펴보니
이제 겨우 첫발을 딛고 있음을 봅니다

덧거리 글 – 둘

큰 은인이신 한상봉 선생님

많은 사람으로부터 존경받는
평신도운동을 하는 한상봉 선생님이 왔습니다
그러니까 8년 전에
교회 밖에서 어정거리는 저에게 왔습니다
'가톨릭뉴스지금여기'의 〈기도하는 시〉란을 만들어
묵상할 수 있는 시를 올리는 문제를 의논했습니다
힘겨운 일이지만 노력해보겠다고 약속했습니다

처음에는 가톨릭신자 시인들의 시를 올리면서
어려운 문제가 많아 고민을 깊이 했습니다
정지용 구상 …… 시집에서
신앙시를 선정한 다음 시인에게 연락도 하고
어느 시인에게는 미리 승낙을 받아야 하고
정확한 시인 명단이나 연락처도 없고
여러 문제들이 저에게 힘들어 그만두려고 생각했습니다

독자들에게 무척 송구한 일이지만
몇 달 후 저의 졸시를 계속 올리게 되었습니다
스스로의 제 꼬라지를 잘 알고 있기에
지금까지 부족한 시를 보내고 있습니다

한상봉 선생님에게 큰 빚을 안고 있는 저로서
늘 감사하는 마음
더 좋은 시를 지어 보답하려는 정성
몸통 벗는 날까지 이어지리라 여깁니다

덧거리 글 – 셋

훌륭하신 스승 시인들

십여 년 전
경북 왜관 구상문학관에서 시 창작 과정 강좌에 등록,
한 번도 결석하지 않고 열심히 들었습니다
김주완, 구석본 두 시인의 훌륭한 강의는
시에 대한 갈증을 심어주었습니다
시에 미치도록 공부를 더 하겠다는 욕심으로
구미1대학 평생교육원의 이규리 시인의 강좌도 듣고
감히 시인이 되려고 결심하였습니다

첫 시집인 '어머니하느님'을 꼼꼼히 읽고
연필로 좋은 점 나쁜 점을 적어주신
이규리 시인의 고마우신 마음에 깊이 감동,
좋은 시를 지어보겠다는 열정을 가지게 되었습니다

서울의 김남조 시인은 저의 첫 시집을 읽고
다른 시인들이 쓰지 못하는 시를 쓰라는
그러니까 시의 향방을 일러주시면서 격려해 주었습니다

신앙 시를 지으려는 결심하고
왜관 베네딕도수도원 성당에 꿇어 신고하였습니다
천장과 색유리 창stained glass을 한참 바라보며
여러 색깔의 조화를 느끼는 시를 짓도록
이끌어 달라고 두 손 모았습니다

덧거리 글 – 넷

해마다 한 권의 시집을 만든다는 과욕

첫 시집 이후
매일 시를 주물럭대고
시 짓는 일도 사흘이 멀다 여기면서
시에 미치기 위한 또 다른 방법이 없을까,
생각하던 중 어느 시인이
'하나의 주제로 시집을 만들면 시에 통달한다'는
말을 기억 창고에서 찾아 냈습니다

겸손에 대한 시를 쓰고 또 써보자
지나친 욕심으로 123편을 지어
'겸손이 하심에게' 시집을 만들었는데
중복되는 듯한 내용과 자랑하고 싶은 마음
하여 하여 실패작이 되었습니다
아홉 권의 시집도 좋은 시집이 아니면서
부끄러운 한 권의 시집을
마음 안에 깊이 간직하게 되었습니다

오만함으로 허접스러운 '겸손' 시집을 만들었다는
과욕과 자만을 스스로 바라보며 다시금
참 시인의 가장 기본적인 덕목은
묵묵 겸손 또 겸손임을 깊이 깨달았습니다

덧거리 글 – 다섯

저는 아주 멀리 있는 시인입니다

어느 모임이든 선후배가 있고
주류 비주류가 서로 으스대며 내로라하는데
시인들 모임에도 있기 마련입니다
그러나 좀 덜 할까 생각했는데
오히려 더 심한 듯합니다
어느 시인은 시인 사회의 주류 비주류를 주제로
시를 만든 것도 보았습니다
매우 두렵고 조심스럽고 주눅 들고 먹먹해지기에
저는 늘 멀리 있어야 하겠다는 마음으로
늘 혼자 있어야 평온합니다

저는 주류는 물론 아니고
더더욱 비주류도 아닙니다
외곽도 한참 멀리 떨어진 외곽에 있기에
'나홀로류' 간판으로 원두막을 만들어 거기서
혼물 혼밥 혼술 혼노래 혼호흡 혼말 그리고 혼詩로
아주 푸근하게 아주 넉넉하게 시랑 지냅니다
그래서 마음이 그지없이 평온하면서
노구가 되었지만, 몸도 매우 여유롭습니다

덧거리 글 – 여섯

령시靈詩에 관심 있다면

행여 어느 분이 저의 령시를 좋아하거나
우야다가 령시를 지어보겠다는 분이 계시면
도움말을 아래 적어 봅니다

무작정 오만함을 버려야 합니다
오만을 버리는 일이 얼마나 어려운지
그 어려움을 먼저 아시고 싸워야 합니다
죽을 때까지 매일 매 순간 겸손에 주력하여야 합니다
인간이 얼마나 오만한지는
神이 人間이 되어 본보기로 보여준
처절한 일들을 묵상하시면 됩니다

그리고 디지도록 기도하셔야 합니다
기도는 스스로 노력하면서 터득하고
자기가 좋아하는 기도를 죽는 순간까지 하셔야 합니다

저는 성모 마리아님을
하늘맘마 하늘엄마 하늘마마로 부르는데
하루에 일만 번 불러보아야지 하고 노력해 보았습니다
아직 일만 번 부르지 못하고 있습니다
일만 번 불렀던 날이 나타나면
'드디어 일만 번'이란 제목의 시를 만들어
독자님들에게 보고하겠습니다

그 외 시 공부를 매일 매일 하시면서
하루 몇 구절이라도 성경을 꼭 읽으셔야 합니다
성경은 최고의 시집이기 때문입니다
자연과 모든 상황 안에서
하느님을 만나 뵈옵는 분위기를 키워야 합니다

기회가 이루어진다면
'령시수업'이라는 이름으로
강의를 하든지 아니면
책을 만들어 볼까 생각하지만
만만치 않아 망설이기만 합니다

덧거리 글 – 일곱

아그사 그리고 두아총

두아총은
두산문화관(대구 수성구 두산동)에서
저와 함께 4년 동안 시 공부를 하였던 분들의 모임이고
저의 시 공부에 가장 큰 도움을 주신 분들이어서
매일 아침 기도 때 기억하고 있습니다

아그사는
제가 연필초상화 그리기 공부를 하는데
저와 함께 그림을 공부하는 분들입니다
'아름다운 마음을 그리는 사람들'의
첫 글자로 만든 이름입니다
김영숙 선생님이 지도하는 그림 공부를 통하여
시상詩想의 폭과 깊이를 새롭게 체험하면서
놀라운 느낌을 자주 가집니다
시인은 그림공부를 반드시 해야 한다는 생각까지 듭니다

제가 시집 열 권을 다시 음미하며 시선집을 만든다고 하니까
모두 기뻐하셨고
김영숙 선생님과
조교처럼 선생님을 도우면서 공부하는
이수정 님께서 삽화를 그려 주셨습니다
감사 감사드립니다

시인으로 몸통 벗을 준비를 하는데

60년 전 노트
50년 전에 적은 적바림 등등
처리하기 전에 훑어 보다가
'나도 이제 시를 쓰고 싶다'는 글이 두 번
그리고
어떻게 이런 놀라운 표현을 했을까 하며
'그립다 / 말을 할까 / 하니 그리워' (김소월 – 가는 길)
하루에도 열 번 스무 번 중얼거렸다는 글도 보였습니다
대구 한 문화원에서 시 강좌 중에
통일이 되면
소월 시인님을 꼭 뵈오러 가겠다는 말도 했습니다

하느님께서
저에게 막판에는 시인이 되어
좋은 시를 지으라는 과제를 주셨다고 여기지만
두렵기도 하여
하느님께 보고하기를
그냥 시는 짓지만
감동적인 좋은 시는 어림 없습니다, 하고 아룁니다
노력하고 또 노력할 뿐입니다

덧거리 글 – 아홉

정면은인正面恩人 반면은인反面恩人

반면교사反面教師 그리고
정면교사正面教師라는 말이 있습니다
서양화가인 오나경 선생약사고 교사님의
명료한 글을 먼저 보시기 바랍니다

> '반면교사反面教師'라는 말이 있다. 사람이나 사물의 부정적인 측면에서 반대의 깨달음이나 가르침을 얻는다는 뜻으로 널리 알려진 말이다. –중략– 어색한 표현이기는 하지만 '반면교사反面教師'에 대응해 조어된 '정면교사正面教師'란 말이 있다. 개인이 아닌 국가적 차원에서 필요한 것은 바로 이 '정면교사正面教師'다. 학교에서 학생들이 바람직한 교사를 만나야 그들의 미래가 오도되지 않듯이 국민도 '정면교사正面教師'가 될 수 있는 바람직한 위정자들을 만나야 안위를 보장받을 수 있는 것이다. 후략

보통 어림잡아 이 세상에는
정면교사보다 반면교사가 더 많지 않을까
하는 생각이 듭니다 그리고
비율을 말하기 어렵지만 보통 아버지는
반면교사라는 생각도 듭니다 자녀들에게
온전한 모범을 보여주는 것이 어렵기 때문입니다
복음서에 나오는 바리사이는 반면교사의 표본처럼 보입니다

저는 반면교사 정면교사라는 말을
반면은인 정면은인으로 볼 수 있다는 생각을 합니다
직접 도와주는 은인은 정면은인이고
빼앗아 가거나 괴로움을 주는 분은 쥐어박고 싶지만
반면은인이라고 말하고 싶습니다

80년을 살아오면서
수많은 정면은인들의 도움을 받아왔습니다
그분들의 보살핌으로 오늘까지 건강하게 또
시집을 펴내고 있다는 고마운 마음으로
은인들을 위한 기도를 매일 하고 있습니다

반대로 반면은인들도 많아 화도 나고 무시하고 싶었지만
지금은 그러한 감정이 거의 사그라들고
삶의 흔적으로 남아 한편으로 감사하게 여깁니다

덧거리 글 – 열

령시인으로 삶을 마무리하라는 섭리는

하느님이 나이 든 사람을 어린애로 만드는 이유는
어린이가 천국에 쉽게 들어간다는 말을
보여주시려고 그러시나 하는 생각이 듭니다
누구든 나이 70 넘으면 부모 고향 조상 등
어릴 때의 기억 생생하게 되살아납니다
먼저 가신 어머니 아버지를 따라
다른 차원으로 올라가는 준비를 하라는 예고입니다

부모님과 저와 우리 가족 그리고 형제 남매들을
직접 간접으로 도와준 수많은 은인들에게
엎디어 깊이 감사 인사 올립니다 그리고
저는 많이 부족한 남자인데 저에게 와서 고생만 하는
율리아에게 고마움과 미안한 마음을 항상 가지고 있습니다
도미니코 형은 먼저 하늘로 올라갔지만
칠 남매 중에 제일 착한 베네딕도는
아흔아홉까지 건강하게 살면서 매일 드리는 미사에
이승과 저승 가족들을 기억해 주기를 부탁합니다

마지막에는 령시로 호흡하라는 섭리에
눈물 가득 감사하고
가슴 가득 감격하고 있습니다

첫 성경인 대자연 안에서
신구약 둘째 성경을 유산으로 물려주신 부모님과
셋째 성경인 개개인의 섭리 발자국을 생각할 때
령시에 미쳤던 막바지 10년은
큰 은혜이고 벅찬 감동입니다

덧거리 글 – 열 하나

마지막 기도를 이렇게 바치고 싶습니다

하느님
하느님께서는
시간 위에 무지렁이를 올리시고
시간 안에 티검부리를 가두어
공간을 보고 느끼게 이끄시면서
공간의 모든 존재와 이어주시면서
칠십 년을 주물럭거리셨습니다

막판 십 년에
모든 생명을 만나면서 온갖 생명의 노래를
부르게 하신 기이하신 섭리에
감사 안에 찬미를 넣어
찬미 위에 감사를 올려
큰절 올립니다

아무리 생각하여도
하느님은 아버지가 아니시고
하느님께서는 어머니십니다
어머니라도 미운 구석이 하나도 없는 어머니
어머니라도 끝없이 포근한 품의 어머니십니다
어머니라도 무진장 참고 기다리시는 어머니십니다

정녕 당신께서는 제 속을 만드시고
제 어머니 배 속에서 저를 엮으셨습니다 (시편139:13)

저의 어머니를 만드신 어머니하느님은
어머니 몸 안에서 저의 심장과 뼈를 만드셨습니다
그리고 어머니하느님께서는
구원의 상징으로 십자가를 보여주시듯이
모든 어머니의 표본으로 마리아님을 저희에게 주셨습니다

어느 사진에서
두 뼘 정도 추욱 늘어진 할머니 젖가슴을 보았습니다
젖통은 비쩍 말라 긴 주름살이 끄나풀로 보이지만
젖꼭지는 그냥 그런대로 생생하게 보였습니다
그 순간
!!! 이 젖가슴은 하느님의 젖가슴이다
하고 놀라워했습니다

어머니하느님께 길게 깊게 절 드리면서
이 기도를 마칩니다
아멘 아멘 엄마 아멘
*** 영광이 부와 자와 성신께
*** 처음과 같이 또한 이제와 항상 무궁세에 있어지이다
*** 아멘

*** 성부와 성자와 성신의 일홈을 인하야 하나이다 아멘

옹기집둘째아들

초판1쇄 발행일 • 2018년 5월 31일

지은이 • 박춘식
펴낸이 • 이재호
펴낸곳 • 리북
등 록 • 1995년 12월 21일 제406-1995-000144호
주 소 • 경기도 파주시 광인사길 68, 2층(문발동)
전 화 • 031-955-6435
팩 스 • 031-955-6437
홈페이지 • www.leebook.com

정 가 • 15,000원

ISBN 978-89-97496-55-6